小科學家

兒童學習探索周遭的世界

何釐琦　譯

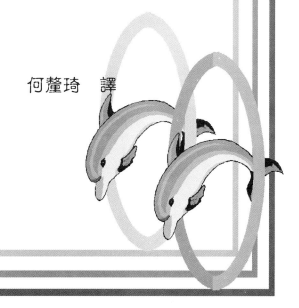

Doing What Scientists Do

Children Learn to Investigate Their World

Ellen Doris

獻給包伯

作者簡介

　　艾倫‧德瑞絲（Ellen Doris）畢業於康乃爾大學（Cornell University），她曾經任教於許多不同的教育機構，包括學校、博物館和戶外營隊。她一度擔任麻薩諸塞州綠野學校（Greenfield Center School）的老師，並且為東北兒童基金會（Northeast Foundation for Children）主持全國性的研討會。艾倫居住在麻州的寇任（Colrain），目前在研究所就讀並且寫作兒童科學讀物。

　　東北兒童基金會是一個私人且非營利的教育基金會。它的目標是藉由舉辦訓練課程、暑期研討會和出版相關出版品來提升小學教育的品質。基金會本身經營一所示範學校，也就是綠野學校。學校於每年十月至次年四月初開放給外校老師們參觀。綠野學校提供機會讓老師們觀摩如何在幼兒園到八年級的課堂裡實踐符合兒童發展的教育信念。學校一年出版兩次免費的通訊。若是需要相關訊息，可以以下列方式

連絡。

Northeast Foundation for Children, 71 Montague City Road, Greenfield, MA 01301;（413）772-2066

譯者簡介

　　何鑾琦，美國紐約河濱街教育學院（Bank Street College of Education）教育碩士（學前暨初等教育）。現任職於國立政治大學商學院。

譯 者 序

　　記得在紐約市河濱街教育學院就學時，有一次在課堂上同學們討論實際走進教室擔任老師（或實習老師）時最感困難的是哪一個部分。有一位同學提到，她覺得在進步教育的大纛下，要怎麼樣以語言互動來啟發兒童思考，是一件頗困難的事情。當時在座有好幾位同學都心有戚戚焉。

　　誠然，揚棄傳統填鴨式的教育方式是吾輩衷心期盼的美事，然而，沒有課程，也沒有專書教導我們這些生手該如何以語言互動來鼓勵兒童思考與學習。

　　我個人亟欲推薦這本書的原因之一，就是書裡俯拾即是課堂裡經驗老到的老師與兒童之間的對話。新手只要有心，揣摩鍛鍊之下，不難練就一身武功。

　　這本書的其它可愛之處包括以兒童需求為主的教育哲學、誠實面

對滯礙難行之處並且提供解決的方法、實用而完整的課程設計以及豐富的資訊，希望你也喜歡它。

前　言

　　本書大部分的課堂實例，都是兒童研究他們所熟悉的動植物。事實上，其中三章幾乎完全在談論班級的寵物——天竺鼠。然而，如此用力地著墨於生物學上，並非暗示其他領域的學習不適合小學生。我曾經發現，兒童對化學、物理和地球科學的某些項目極有興趣；我也興致高昂地在旁觀看他們探索哪些物品會下沉而哪些會浮起、玉米粉和水混合時的變化，以及岩石內部的構造。雖然對許多老師來說，生物學是他們熟悉的一個起點，然而本書將能幫助教師們在科學教學的任何領域皆無往不利。

致　謝

我有許多科學教學的想法在許久之前就已萌芽。不管認識或不認識他們，我對影響我思考、教學和寫作的人均充滿感激──在此我要特別感謝：

莎倫・唐恩（Sharon Dunn），協調編製本書；

齊普・伍德（Chip Wood），在編製初期綜覽本書，同時身兼讀者，也提供了一些照片供本書使用；

露絲・喬尼（Ruth Charney）和包勃・史崔克塔（Bob Strachota），他們與我持續不斷地合作，使我的理解更為透徹，並且對我的寫作助益良多；

蜜爾・布魯諾（Merle Bruno），感謝她閱讀後提供的意見；

約翰・德瑞斯（John Doris）和蘇珊・米契爾（Susan Mitchell），感謝他們建議的參考書目；

南西‧瑞南（Nancy Ratner），感謝她技藝精湛又敏銳的編輯功力；

露西‧麥透（Lucy Matteau），謹慎地一遍遍繕打我那永無止境的草稿和完稿；

瑪莉蓮‧克來頓（Marlyn Clayton）、比爾‧富比士（Bill Forbes）、包勃‧史崔克塔、齊普‧伍德和肯恩‧威廉斯（Ken Williams），提供本書照片；

提米‧薛達（Timmy Sheyda），提供教室活動的紀錄；

巴尼‧巴赫（Barney Balch），提供了鞭毛蟲的故事；

恰克‧梅爾斯（Chuck Meyers）和傑德‧普勞真斯基（Jed Proujansky），幫助本書取得引用文句和兒童作品的許可；

感謝翰那曼出版社的編輯透比‧哥登（Toby Gordon）和契瑞爾‧金保（Cheryl Kimball），以及美編瑪瑞亞‧史茂茲（Maria Szmauz）的協助；

以及東北兒童基金會編輯審核委員會的成員們。

我也要感謝我在綠野學校的同事們——我從他們那兒學到許多，以及參加研討會的老師們——他們與我分享他們的見解以及遭遇的困難。當然，更要謝謝與我一同探索科學，並且貢獻經驗與作品給本書的孩子們。

最後，我深深地感謝家人和朋友的支持與鼓勵。

介　紹

　　在一個下雪的星期六早晨，我和一群在小學教科學的老師共聚於一場研討會上。大家就我提出的一個問題各抒己見：「如果藉由科學這門課，能夠教給班上兒童一或二件重要的東西，那麼，你要教給他們什麼？」老師們的回答既清楚、深思熟慮而且確定：

　　「我要讓兒童自由發問！」

　　「我希望他們更了解自然世界……這個了解將能增進而不是磨損掉他們的好奇心。」

　　「我希望他們對自然環境有健全的尊重和責任感。」

　　「我要燃起他們熱切的好奇心，以及培養他們的耐心——要能夠等待和觀察。」

　　「當他們從事新的研究時，我希望他們可以找到許多不同的途徑去學習。」

「好奇心！」

「我希望他們了解老師並不知道所有的答案！」

「對我來說，良好的溝通很重要。我希望他們能夠就觀察所得做重點摘述，並且能夠與別人分享。」

「我希望他們覺得周遭的世界很有趣，而且與周遭環境之間沒有阻隔。」

每個人都提出自己認為特別重要的部分。我們重視自己所教的兒童以及周遭的世界。我們希望以好奇心、了解、尊重、熱切、耐心、責任感、興趣和驚嘆來連結這些兒童與周遭的環境。我們希望兒童能夠探究、學習以及與人溝通。我們堅定地侃侃而談在小學階段學習科學的價值。

回想起前一天傍晚，當我們第一次相聚並且自我介紹時，我發現每個人參加這次研討會的原因各不相同：

「坦白說，我並沒有教科學。當我還是個學生時，我覺得科學挺無聊的。一直到現在我還是這麼認為！可是，我覺得該是改變這個想法的時候了。」

「我在學校裡和班上二年級的學生做了許多科學研究。他們很喜愛科學。可是我覺得自己可以做得更好，我來這裡是為了學習新知。」

「我並沒有科學的專業背景，我覺得自己沒有足夠的能力來教五、六年級的學生。」

「我覺得兒童總是興致勃勃。他們常常帶著石頭、毛毛蟲和貝殼來學校。我想要學習如何幫助他們發展這些興趣。」

我們在某個層面上都遭遇到把課堂的實際情況和理想拉近一些的困難。我們並不缺乏目標，我們有清楚的目標。我們相信科學不論是對兒童或教師而言，都是課堂的學習科目中令人興奮和有意義的部分。可是要改變什麼，要如何改變呢？有些人感到有必要做徹底的檢視。有一位老師說：「學校給我一本三年級用的教科書，這本書裡有二十

章！他們希望我在一年裡把這二十章教完。哇！我們甚至沒有時間停下來讓同學發問。」

其他有些人覺得他們的課程頗上軌道，可是他們能夠做得更好一點。有一位五年級的老師感到好奇：「為什麼有些兒童對科學那麼有興趣呢？是因為年齡、文化、大人的反應或個性嗎？我見到有些兒童，似乎你給他們的永遠不夠，而有些兒童你怎麼推都推不動！我希望能看到所有的孩子都參與並且樂在其中。」

這個橫亙在教師的信念與實際課堂情況之間的鴻溝，就像橫亙在理論家、學者和設計課程者的理念與全國小學的實際情況之間的鴻溝一樣。

雖然全國科學資源中心（National Science Resource Center）在一九八六年的全國小學科學教育會議中，已經建議將兒童實際參與的活動設定為小學科學課程的中心，然而直到一九八九年仍然發現：「在小學裡，不到百分之二的兒童有機會參與以研究為導向的科學課程。」（NSRC, 1988, 1989）

全國兒童教育協會（The National Association for the Education of Young Children）為適當的「科學教育」定義如下：

> 科學是課程的一個主要部分，它植基於兒童與生俱來對周遭環境的興趣之上。科學是實驗與探究，而且鼓勵每個兒童積極地參與其中。科學活動能利用自然現象，例如戶外環境，和教室內兒童每天照顧的許多植物和班級寵物。兒童經由科學活動和校外教學而學習做計畫；口述和／或寫下他們的計畫；運用一些思考技巧，例如預測、觀察、實驗和證實；而許多科學原理皆與他們自身的經驗息息相關。（1988, 74）

這個敘述與許多老師對「讓孩子動手做」（hands-on）的評價前後

呼應。最近一份全國性的調查報告指出：「大約三分之二的小學科學老師和超過四分之三的中學科學老師指出，在實驗室裡上科學課比在非實驗室的效果更好。」（一九八五至八六全國科學與數學教育研究調查報告，1987,52）然而實際上，老師們與實驗室漸行漸遠，只有百分之五十七的幼稚園到小學三年級，以及百分之四十五的四年級到六年級接受調查的老師，在他們最近的科學課裡有讓孩子動手做的活動；而一九七七年的調查報告中的比例分別是百分之六十七和百分之五十四（一九八五至八六年全國科學與數學教育研究調查報告，1987,49）。

疾呼「讓孩子動手做」並非新觀點，早在一九七〇年代，皮亞傑（Piaget）就指出：「積極主動的方法能提供兒童或青少年機會去自動自發地學習，並且讓他們重新發掘科學新知，至少讓他們重組，而不僅僅是傳授知識給他們。」（1976, 15-16）時光荏苒，在逝去的歲月中，有多少兒童在一天的學習中，能夠花大部分的時間在「自動自發學習」上，能夠「重新發掘或是重組」（Piaget, 1976, 20）周遭世界的本質呢？

有幾個原因使得教育理論與實際情況；教師觀點和課堂實際狀況之間出現了鴻溝。有些原因扎根於教師身為學生的經驗，他們在小學和中學上科學課的回憶是：

「科學課？在小學上科學課？我一點都不記得了。我想我從來沒上過這門課。」

「我記得在小學五年級時，我的老師向當地的大學借了一個巨大的望遠鏡，而且邀請每個人參加『星光晚會』。我還記得和父親一同站在學校後面漆黑的運動場上，我們及時仰頭看見一群鵝映照著銀色的月光，安靜地飛越天空。」

「我只記得要快快快。你必須在四十分鐘內做完實驗，也必須小心地閱讀程序。一有差錯，實驗就走錯方向；而只要稍有閃失，時間就不夠用了。」

 小科學家：兒童學習探索周遭的世界

「我永遠搞不懂物理！老師已經盡力解說了，可是我還是毫無辦法。接下來他開始發脾氣，而我覺得學不會是我的錯。」

「老師帶我們參加為期一週的自然營。那兒有一個沼澤地，而我們在那兒比較沼澤地的中心與其他部分的不同之處。我認為土地的層次變化很美麗。自己去探索的感覺令人很興奮！可是回到學校之後，採集到的標本被放在科學桌上。我記得老師訂的規矩是『不可碰觸』。而我不記得那一年有任何其他的科學活動了。」

「我記得曾經解剖青蛙。班上同學的反應很熱烈。好笑的是我不記得學到了什麼，只記得我們做過這件事。」

對許多教師來說，他們早期的經驗與現在班級的現況之間的關係頗為明顯。如果教師還記得可以選擇自己要做的研究計畫、建構、實驗以及有一位充滿熱忱的老師帶領戶外教學，他們多半都會渴望能提供學生相似的機會。而那些教師若是記憶中只有令人困惑的程序、乏味的教科書或是迫於找到標準答案的壓力，則經常對自己的理解力和教科學的能力感到焦慮不安。這些焦慮導致有些老師過度依賴教科書或是別人設計好的科學課程，即使他們本身在學生時代並沒有從這樣的方式中獲益，他們還是缺乏信心去嘗試不同的方法。有些人則逃避教科學以避免重複無聊的經驗。缺乏適當的仿效對象以及自覺能力不足，使得教師無從明瞭自己的目標何在。

即使教師對教科學感到勝任自在、能取得適當的材料和資源，也有勇於嘗新的意願，但可能還是有困難橫阻。有一位教師描述她學區裡的科學教育是這樣的：

> 我的學區花了好幾百元為低年級購買科學課的材料。我們嘗試做一個平衡的單元，然而幾年之後，我們把教材藏在儲藏櫃的後面，希望我們的校長不要想起它！我是六個老師之中唯一還在考慮要不要用它的。一開始還好，孩子們很喜歡用秤。

可是第一週接近尾聲時，所有的核果、螺絲和義大利貝殼麵都混在一起，而且許多都不見了，秤也壞了。有些孩子的確很有興趣，可是有些孩子覺得無聊，或者四處遊盪。

在一個有二十或三十個兒童的班上教科學，需要注意到許多事。除了需考慮讓孩子有基本的理解之外，在設計課程時，教師必須思考特定的內容，而且顧及到兒童特別的需求和興趣。他們必須具備技巧以鼓勵兒童去研究，擬定計畫，要能維持教室正常運轉，並且還要能處理管理和紀律方面的問題。僅僅擁有適當的教材，並不能保證課程成功，因為我們介紹這些教材的方法，會確定一週接近尾聲時，核果、螺絲和貝殼麵會在哪兒；而我們提出問題的方式，以及對兒童作品的評論，也會影響他們的興趣以及他們會將焦點置於何處。

本書呈現的是在小學教科學的取向，這個取向將會幫助兒童培養對周遭世界的興趣，而且有能力了解它。以下是我的信念：

科學是提出問題和從事研究的過程。它是一種思考和行為的方式，而不是靠著死背公式和原理而得到知識。

將兒童發展的知識運用在科學教育上。了解兒童在不同年紀的思考及行為方式，對設計課程、闡釋作品和回應兒童的學習大有助益。

兒童透過自己參與各種活動而學習。根據科學家們的意見，他們藉著觀察、描述、質疑和尋找答案來學習了解周遭世界。

教師也可以是積極的參與者。老師可以與兒童分享他們對周遭世界的好奇心和興趣、對自然現象的困惑也可以和兒童一起探索。

在課堂裡保持由老師主導以及讓兒童自由探索之間的平衡很重要。若是老師能夠在開放式的探索與遵循指示的研究之間取得平衡，那麼就可以創造穩定的課堂環境，在這樣的課堂裡結合了兒童自

發的活動和老師設計或主導的活動。

熟悉的或每天看到的現象是科學研究的豐富資源。兒童在與植物、動物和周遭物品直接接觸的經驗中，開始學習科學式的思考，並且從第一手的觀察中得到結論，而不是大量仰賴書籍或影片以獲得訊息。

課堂裡的每一個成員都能夠貢獻良多。科學不應該限於資優班的兒童，或是做為那些能夠很快完成指定作業的兒童的獎賞。科學對每一個人來說都是課程裡一個重要的部分。

合作很重要──不管在老師和學生之間、學生之間、課堂成員以及課堂以外的人員之間。就像科學家因交換想法而更加成長，兒童也能從相互合作中獲益匪淺。

然而經常發生的情況是，當老師將教科書擺到一邊，試著實行「實驗室」或是「動手做」的教學方式時，隨之產生的課堂管理問題，逼得老師沮喪的不得不放棄這些方式。有些老師可能努力地再試試看，可是並不確定孩子學到了什麼。老師提供的開放式問題和獨立實驗的機會，對某些兒童來說可能是令人興奮的挑戰，可是其他孩子可能感到慌亂、迷惘或是無法理解。有些想要改善課程品質的老師可能受到本身對科學的負面感覺的牽絆，或者受限於有限的科學訓練，而有些老師可能還在努力尋找將想法付諸實現的策略。我希望在本書中提出這些問題，並且幫助老師們拉近課堂實際情況與他們心目中應有的小學科學教育的距離。

目　次

1

開 始

科學教育從做計畫開始。

對我來說，做計畫的第一個階段是提出問題、思考、回顧、做白日夢以及與其他老師討論。在開始處理一些細節，比方說排定日程表、準備作業單、將孩子分組以及安排課程順序之前，我試著回答自己一些基本的問題：科學是什麼？兒童如何學習？我希望兒童藉由研究科學學到什麼？而這些問題的答案將影響到我的課堂教學方法。

看起來這似乎是一個相當理性的開始。一到九月，兒童們紛紛來到學校，光是為了開學那一天，就有數以千計的事情必須納入考量：教室要準備妥當；教材和文具各就各位，秩序井然，或是分門別類；

排好時間表；以及參加會議。可是，首先我必須建立自己的目的感和方向感。對學什麼、如何學和到哪裡學等問題所做的決定，取決於我對科學和教育的信念。

在此我提供自己對以上問題的答案，而這也是我對小學科學教育的觀點。基於這些觀點而建立的架構，是本書的取向的基礎。每一個老師都會基於本身的經驗、優先性、對科學的態度和對兒童訂立的目標，而發展出自己獨特的觀點。

科學是什麼？

科學是一種思考和行為的方式（圖 1-1），它是一種「調查研究的過程，最終將獲得有系統的知識」（Victor and Lerner, 1971, 77）。而伊蓮娜·達克渥斯（Eleanor Duckworth）說：「科學的本質並不是陳述原理而已，而是努力發現物質世界的真相。」（1978, 1）（圖 1-2）。

| 圖 1-1 | 課堂上的小科學家 |

小科學家：兒童學習探索周遭的世界

我的主張是將完整而錯綜複雜的科學帶進教室。我希望看到兒童們積極地參與，像科學家一樣地調查研究。我希望他們看到，在新科技、發現和新連結促使我們修正自己的想法時，這些因科學研究而獲致的知識也持續不斷地擴展和成長。不幸的是，在許多小學裡，科學知識在人們腦海裡的形象是靜態的蒐集真相。有一位小學老師回憶自己早年的求學經驗，她說：「我以為學科學就是死背所有的原理！而科學家總是無所不知。」

　　然而，從一個科學家的角度來看，答案經常是捉摸不定的。有一位科學家告訴過我一個故事，故事的開端是二十世紀初期的化石植物學家，他的工作是分類，就是描述、命名以及將許多種的化石鞭毛蟲

| 圖 I-2 | 「科學的本質……是努力發現物質世界的真相。」 |

加以歸類。鞭毛蟲是極細微的單細胞生物，經常被納入藻類家族中而被視為植物。然而在一九○○年之前，牠們被看做是動物①。今日，大部分的鞭毛蟲生活在海洋中，牠們靠兩根小小鞭狀鞭毛游泳前進，有些會發出冷光；如果周遭的水被攪動（可能是波浪或以腳潑打水），牠們產生的光會有波光粼粼的效果。另一個情形是，如果牠們大量聚集，可能會形成「紅潮」（red tide），導致魚類死亡，以及甲殼類漁場關閉。

在一九○○年代早期，許多化石鞭毛蟲被描述、分類並冠以拉丁名字，如此使得全世界的科學家在交流時不致搞錯。幾十年之後，研究海底岩層核心的地質學家在採集到的標本中，發現一些看起來像古鞭毛蟲的東西。他們研究這些嶄新的發現，並且找出一個完整的分類法。如同往例，他們採用的分類方式是地質學上的命名法，也就是參考大部分已絕跡且化石化的遺體

此時，生物學家在實驗室裡培養製造「紅潮」的古鞭毛蟲，他們注意到古鞭毛蟲的生命週期有幾個階段。有時候牠們有動作能力地在水中游動，而有時候牠們毫無移動的能力，牠們把自己包在囊內，而且沉到沖積層的最底層。之後，牠們會破囊而出，並且再度自由地游動。當然，生物學家以生物學的命名法來為這些紅潮命名。

地質學家持續不斷地研究化石古鞭毛蟲，他們發現這些古鞭毛蟲不但存留在較古老的、較深的沖積層裡，牠們也存在表層裡。這個發現促使一位地質學家把牠們帶回實驗室裡加以研究。令人驚異的是，這些「化石」竟然破囊而出，生殖了小鞭毛蟲，而且開始四處游動！

這個發現很令人沮喪，而且也產生了一些問題。如今地質學家了解海洋沖積層裡的古鞭毛蟲是以胞囊的形式存在，牠們並不是化石，

① 今日有些科學家仍然認為鞭毛蟲是一種植物，而有些科學既不將牠們歸類為動物，也不將牠們歸類為植物，而是將牠們全部另歸一類。

可是地質學家仍然使用地質學上的學名。而同時，生物學家也還是以生物學上的學名來稱呼「紅潮」的古鞭毛蟲。最後，地質學家和生物學家在比較了雙方的紀錄之後發現，雙方研究的古鞭毛蟲其實是同一種生物，只是被賦予不同的名字罷了。如今終於可以在兩者之間建立一些重要的連繫，可是艱巨的技術上的問題也隨之而來。多年的學術研究以及發表的研究論文中，有些賦予某種特定的古鞭毛蟲一個名字，而有些則給牠另一個名字。要怎樣才能不被搞混？而新的研究工作該怎麼做呢？

這個故事就像大多數科學上的發現一樣，並沒有真正的結束，它是將近一個世紀以來科學研究發展與改變的故事。但是，這個研究環繞著的「事實」，不像我們在學校裡所學的構成科學的「事實」一樣穩固。過去人們認為是動物的生物，如今被某些人視為植物，而被某些人視為動物，有些人則認為牠兩者都不是。而被視為化石的微生物竟然活過來，並且還能在實驗室裡游動。被地質學家認定為物種「A」的古化石鞭毛蟲，是生物學家活生生的物種「23」。到底什麼才是事實？似乎得看你問的是什麼人，以及你提出的是什麼問題。

在從事科學研究時，我們努力尋找答案，可是我們鮮少長久地停留在某個特定之處。一個個的想法形成之後，會被檢視，而且被修正。解釋與說明或許各有不同，有時候問題會找到答案，可是一個問題經常會引發其他的問題。

兒童如何學習？

有許多不同的理論敘述兒童如何成長和發展，包括他們如何學習。這些大量的理論和學術研究提供了許多寶貴的知識，讓我們了解兒童在不同年齡時的需求和能力，對我們做計畫和設計教室活動大有助益。

我自己就深受幾個兒童發展理論和教學與學習研究結果的影響。探討新的教育理論，將它與自己的經驗相印證，決定揚棄其中的某些部分而將某些部分付諸實行，可能是教學上令人鼓舞和興奮的部分。然而也很可能令人精疲力竭，老師要熟悉各種學習和發展的理論，要跟得上時新的研究結果，同時還要符合全職教師的各種要求，這簡直是不可能辦到的。

　　幸運的是，兒童自有一套方式讓我們知道他們了解什麼，以及他們需要什麼，讓我們開始科學課程。他們茫然的表情、笑聲、沮喪和興奮等反應，所給我們的幫助不下於發展的理論和學習的模式。理論植基於研究，事實上，我們在教室裡可以像研究人員一樣工作，謹慎地觀察兒童，傾聽他們的言談，注意何時我們的反應令他們裹足不前，而何時則幫助他們更往前進。科學方面的專業書籍能提供應該教給兒童的知識，或是應該提出什麼問題，可是只有對兒童審慎的注意能幫助我們蒐集訊息，了解他們感到興趣或困惑的是什麼，他們了解什麼，而哪些部分則搞不清楚。

　　在一天之中，有許多機會可以實際運用我們對兒童的了解。例如，五歲和六歲的孩童不假思索就提出問題：

　　「我可以混合這些顏料嗎？」

　　「我們可以把這些珠子拿到水桌裡玩嗎？」

　　「瓶子裡的花該加水了，我可以把水加到瓶口嗎？」

　　「我們可以把天竺鼠放出來，讀故事給牠聽嗎？」

　　對大部分的問題，我的回答很簡單：

　　「你想看看混合顏料的結果？當然可以，去做啊。」

　　「你的花該加水了？我相信你能做得很好。」

　　當然，也可能會有其他反應：

　　「如果你把顏料混合了，那麼待會兒當你需要藍色的時候，你就沒有藍色可用了。」

「這些是木珠子。你可以預料把它們拿到水桌去玩會有什麼結果。」

「你的花的水已經夠了。看到了嗎？花莖已經吃到水了。」

「你真的認為天竺鼠聽得懂故事嗎？」當我想到這裡，我得極力克制不說出口（圖 1-3）。

| 圖 1-3 | 說故事給天竺鼠聽 |

多鼓勵五、六歲的兒童主動提出他們的想法很重要。對我來說，他們的主意也許不怎麼樣。我實在看不山來為什麼花需要一整瓶的水，而色彩鮮艷的顏料在混合後也不會產生灰棕色、棕灰色、棕棕色和淡紫色等結果（圖 1-4）。可是，如果我希望孩童覺得他們可以嘗試，並且希望他們培養出目的感，那麼在安全和還算合乎實際的情況之下，我要以「是的」（yes）來支持他們的嘗試和努力。我幫助他們以合乎科學的方式思考和行動，可是也要記住幼兒思考的局限。有時候，他

圖 1-4　兒童在畫板上做顏料實驗

們能謹慎地報告實際的觀察結果：天竺鼠喝水，吃東西，天竺鼠沒有尾巴。可是，有時候他們可能會報告天竺鼠想要聽故事。他們會混合顏料，珠子會掉在水桌裡，而兒童會很快地注意到結果是什麼。然而，期望兒童的預測能符合結果是不切實際的，就好像期望推測的結果（因為是木珠子，所以可能會浮在水面上）能真正地取代計畫一樣。

　　雖然較年長的兒童也同樣主動做計畫，但是他們的思考已經較為複雜精巧了。他們能夠以新的方式計畫和理解，做比較，設計簡單的研究計畫，並且依據觀察結果找到結論。有一天在清掃時間裡，八歲的凱芮打掃地板時撞到美勞桌，碰倒了一瓶插滿野花的汽水瓶，瓶子掉到地上破了，我過去打掃，而凱芮在一旁看著。我小心翼翼地撿起一片大塊的玻璃，在玻璃上凸起的「預扣」（deposit）仍然清晰可見。在我將它和其他碎片一樣丟進紙袋之前，凱芮打斷我：「能不能給我？」

　　「這片碎玻璃？你要它做什麼？」

「嗯，你知道海玻璃（sea glass）嗎？有時候在海玻璃上也有字。我很好奇，也許我們可以做出海玻璃。」

我對她的想法很感興趣，可是擔心著眼前的一片狼籍。「讓我先清理好，我可不想看到任何人受傷！請你幫忙拿個盒子過來，讓我把這片玻璃包起來，這樣才不會弄傷你。等到清掃時間結束後，我們可以再談一談。」

後來，我問凱芮：「妳認為海玻璃是怎麼形成的？」

「嗯，」凱芮開始說：「在海洋裡有水和鹽，而玻璃被磨得很平滑。」

「所以水和鹽對玻璃產生作用囉？」

凱芮猶豫地點頭：「我想是這樣吧。」

「那麼你想要怎麼使用這塊玻璃呢？」我問。

「嗯，我們可以把它，哦，不，只要一小片就好，把它放進水裡，也許它會改變。」

我提出問題：「你需要特別的水嗎？」

「嗯，我們找不到海水！」凱芮笑著：「我們可以加進普通的水，再加進一些鹽。」

「這兩種東西學校都有。」我提供她材料：「接下來你要怎麼做？」

「每天看看它。可以發現有沒有任何改變。」

我重複她的步驟。「所以，你會把這個瓶子的小碎片放進一個盛了水和鹽的容器裡，並且觀察它是否會變成海玻璃？」

凱芮點頭。我們找出一個安全的方法來把這塊玻璃弄碎，讓她以一塊小玻璃來做實驗，而她開始著手進行。

再一次，事情可能被以截然不同的方式處理。當我看到玻璃瓶破了，我的眼裡只看到危險又狼籍的景象。我只想趕快清理好以及擔心兒童的安全問題。當凱芮問：「可不可以給我那片玻璃？」時，第一

個閃進我腦海的想法是：「當然不可以！你很可能會受傷！」可是，我覺得至少應該嘗試去了解她的想法。當她提出她想製造海玻璃，雖然我很感興趣，但我並非只是回答：「你想要製造海玻璃？當然，試試看吧！」

八歲的孩童有滿腦子的想法，而且很快就能提出計畫。

「我們想要寫一本書，談世界上所有各式各樣的猛禽。」

「我認為，我們班上應該照著上次去過的池塘建造一個模型，一個等比例的模型！我們要把它建得像真的池塘一樣，有鴨子和鵝，以及風車和樹和……」

「我們這一組正在寫一個劇本。」

「我想要弄清楚東西是怎樣飛的。」

對他們以及較年幼的兒童來說，讓他們試驗自己的計畫很重要。讓他們去實驗、蒐集、建構以及閱讀，這些對他們的助益都很大。然而，如果我僅只是鼓勵他們提出的每個偉大的構想，有些兒童可能無法貫徹到底，他們可能無法預見為了獲得令人滿意的結果而必須採行的步驟，結果可能是感到失敗或氣餒，而不是感到自己能夠勝任。在幫助之下，兒童可以運用能力去思考真正的情況，澄清問題，預期一些狀況，並且做出計畫。對八歲兒童所做的計畫來說，有幫助的回應經常是：「多告訴我一些你的想法。為什麼你認為可以這樣做？你需要什麼？有誰可以幫忙？」

從我的科學課裡我發現到，把兒童學習方式的基本原則放在心裡會大有幫助，這些原則幫助我明確表達和實行我的計畫。而且，如果我不小心忘了，孩子一定會幫助我想起它們。

兒童從實際操作之中學習。他們由實際操作，與別人互動，以及在經驗裡找出意義而得到知識（Piaget in Wadsworth, 1979）。身為一位科學老師，我必須記住，當兒童經過努力、實際採取行動、做實

驗，以及努力去了解經驗的意義時，他們的學習效果會最好。當然，有少部分兒童真的能了解講課的內容，或是能從課本的描述中「理解」自然世界，可是他們真的需要實際的機會去直接探索。

協力合作以建構知識。（Piaget, 1976, 95, 107-8）一次又一次地，我親眼目睹了兒童一起工作而集合眾人想法的現象。以下的例子描述了這個情形。七歲的巴比向我說明班上研究池塘動物的最新發展。

他催促著：「過來看看我們的石蠶蛾。」

我凝視一個玻璃盤，盤裡有許多石蠶蛾的幼蟲，每個石蠶蛾的幼蟲都包在一個由細小的葉子、草和其他水草所織成的套子裡（圖1-5）。

圖1-5	八歲男孩畫的石蠶蛾

圖1-6	兒童觀察石蠶蛾的行為

「看到牠們在做什麼嗎？」巴比指著石蠶蛾。「瑞克是第一個注意到的人。現在我們每個人都正仔細地看。」

有幾隻石蠶蛾似乎和別的石蠶蛾撞來撞去，有時候甚至爬到其他石蠶蛾的套子上，同時牠們小小的頭頻繁地上上下下伸縮著。

我同意：「這真是有趣的行為！」

「剛開始，我們以為牠們在打架。我記得是凱文這麼說的，因為牠們看起來很像在打架。接著西瑟有不同的想法，她認為當牠們爬到別的蛾身上時，牠們是在交配。可是泰瑞否決了她的看法，因為這些石蠶蛾只是一些幼蟲；牠們的成蟲看起來像蛾或其他的蟲，所以我們認為牠們可能不是在交配。」

「接著我有一個看法，就是牠們在互相吞食。不是真的把別的蛾吃掉啦，只是吃掉殼之類的。牠們一面上上下下地伸縮著頭，一面吃。可是現在珍妮有個新的看法。她認為牠們從別的蛾的套子上搶來一些東西，把它加在自己的套子上。我們正在想辦法找出誰的看法是對的。」（圖1-6，見前頁）

成人也能從協力合作中獲益匪淺。參加研討會的老師們經常很驚奇也很高興在「成組」（partner up）從事觀察時，或是某個小組知道別的組在做什麼的時候所產生的改變（圖1-7）。「我對烏龜殼的內部很有興趣，可是在我看見派翠西亞把它翻轉過來之前，我只看著牠的外殼，因為它們是這樣被擺在桌上的。而在烏龜殼的內部我發現一樣東西，我想是烏龜的脊椎骨吧！以前我從來不知道烏龜有脊椎骨呢！」「當潘安和我加入另一組之後，我們的研究變得更有趣了！而且我更了解這些正在實驗的液體，因為其他人一直給我靈感，使我嘗試新的事物！」

在教科學時，我試著製造機會讓大家合作。科學家也許長時間獨力做研究，可是他們也仰賴別人。他們讀別人發表的論文，重複別人做過的實驗，組成小組做研究工作，解決問題，以及與別人討論。科

圖 1-7　老師們在研討會時以液體做實驗

學家在獨力工作和合作之間取得平衡的模式，可以運用在課堂上。

　　兒童的行為和思考隨著時間持續發展。不同年紀（或是不同發展階段）的兒童有特別的思考和行為方式。特別的議題可能在某個年齡很重要，可是對別的年齡來說並不重要。如果老師能顧及兒童年齡層的一些特質，那麼兒童會有最佳的學習效果。

　　每個兒童都是獨一無二的。每個兒童都有不同的優點、興趣、需求和學習方式。有些兒童特別適合清楚的指示，而有些兒童則在較開放的學習環境中大放異彩。即使科學學習單已經定義清楚地要求兒童畫圖或是寫作，每個兒童的取向也各不相同。如果老師欣賞每個學生的個別差異，並且能因材施教，那麼兒童會有最好的學習效果。

　　兒童持續不斷地修正他們對周遭世界的理解。知識建構在其他知識之上。在我們學習了解周遭世界時，我們會經驗新的事物，試驗我們的想法，找到新的連結，並且改變心裡「事情就是這樣」（the way things work）的想法。在教室裡，不同的兒童對了解特定情況或現象經常有不同的理解層次，我們必須從每個兒童的層次著手。我相信，這就是教育工作者所說的，我們必須「從兒童的現狀著手」（start where children are）的一部分。在教育兒童時，我們要記住，錯誤是學習的一部分，而且學習是個持續進行的過程。兒童也許會揚棄某個錯誤的觀念，代之以另一個較為複雜可是仍然錯誤的想法（Piaget, 1976, 21）。身為教師，這個觀察也許令我們感到痛苦；如果兒童在學習單元結束的報告中報告了一些錯誤的觀念，也許我們會擔心是自己教得不夠好。事實上，每個學年結束時，他們（我們也是）總是有些事情搞得很清楚，而有些事情只弄清楚了一部分。我們要做的是提供兒童時間、材料，以及其他資源，讓他們建立與外在世界連結的資訊網，並且信任他們終其一生將會不斷地在這個資訊網裡加進新的資料。

情感也是學習的一部分。學習中除了知識的部分，還有情感、態度和美學等部分。瑞秋‧卡森（Rachel Carson）是一位作家和自然主義者，她認為情感「為兒童的求知欲鋪路」（pave the way for the child to want to know）：

> 一旦產生了情感——對新鮮與未知產生了美好和興奮的感覺，包括同情、憐憫、讚賞或是愛慕——接著我們會渴求多了解情感所寄。一旦得到這些知識就會永遠保有，不會失去它。（1956, 45）

將情感納入考量是「從兒童的現狀著手」的一個重要部分。

我希望兒童從科學中學到什麼？

　　我的基本目標是幫助兒童對周遭世界感到興趣，並且有能力去了解它。幫助兒童發展興趣、好奇心或是驚奇（圖 1-8），對我來說格外重要，然而也非常複雜。一般來說，當你給他們建構的材料，或是提供讓他們研究的動物或是物品時，他們都能立刻沉浸其中，既專注、熱烈、提出問題又思慮周密。然而並非每次都是如此，許多老師都有經驗聽到如此的反應：「好無聊呀！」「喔，又是這個。」「找鳥有什麼重要的？」或者「我做完了。」而有些兒童則草草了事，或者看起來漫無目的的樣子。

圖 I-8	「當我逗弄牠時，牠竟然跳上了我的手耶！」

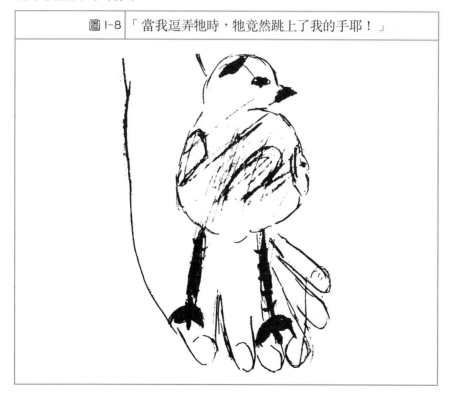

可能有許多因素導致這樣的情況。現在的兒童生活在一個步調快速，有時候甚至令人暈眩的世界中。例如，電視節目充滿娛樂性，可是與觀看者之間缺乏互動。影集只是為了短暫地吸引住觀眾，或是靠著警報大鳴、爆炸、飛車追逐，或是其他特殊的戲劇性事件來吸引兒童。相較於這個繽紛閃亮的世界，第一眼看到一隻蟋蟀時，可能會覺得很單調乏味。有些兒童可能不知道該如何去主動探究問題，而有些兒童可能已經養成對學校的學習活動興趣缺缺的態度。如果始終是由老師設計問題，那麼學生可能不知道該如何，或者不相信他們可以提出自己的問題。要兒童培養興趣，需要讓他們有信心感到能夠有自己的想法，並且可以自己找到一些答案。如果他們提出問題，可是很少得到更多的了解，那麼有些兒童的結論將是最好不要當好奇寶寶。

在一九三四年，教育工作者露西·史波格·米契爾（Lucy Sprague Mitchell）描述她教導的兒童的情形：

現代的兒童生活在驚人複雜的環境裡。在城市裡，三歲孩童也許被電梯迅速地送到以蒸氣取暖的育兒室，他的食物是以電話訂購而來，食物以專門送菜的升降機送到，而且被儲存在電冰箱裡；他可能會被帶到人行道上的一個洞穴裡，並且搭乘快速的地下火車去遙遠的地方。而這些移動電梯、溫暖了室內、將他母親的聲音傳遞到雜貨店、冷藏牛奶、推動地下鐵的力量，都是非常複雜而且很難了解的。不只對三歲、六歲、九歲，甚至對四十歲的人來說都一樣。這些力量的大部分都隱而不見，的確，即使是他的父母可能也無從得見。這個孩童在生活環境裡所接觸的都是終端的產品，而前段的原理與製造過程大都被隱藏了。很可能這個孩童成長後會非常習於缺乏說明的終端產品，而不會養成習慣去尋找原因，以及隱藏於表面之下的關係。換句話說，因為環境只著重功能，他很有可能在成長

時不思考，也缺乏機會實驗……現今，鄉下孩子和都市孩童或是城郊的兒童都可能在成長時欠缺了解，或甚至不質疑許多習以為常的事物，因為大家都只重視功能層面。而且必須再次強調，與這些現代小孩關係密切的成人也抱持著幾乎相同的態度。（1971, 12-13）

藉由科學，我們可以幫助兒童對周遭看似平常、實則非比尋常的事物產生興趣，並且加以了解。

我極力建議老師們閱讀和討論與科學教育有關的兒童發展、心理學，以及研究報告（參閱書後的〈參考書目〉，特別是第十六項）。我也極力建議教師們在努力了解以及實地運用研究報告與理論時，要保持開放的心態，有判斷力的思考和彈性。兒童研究就如同科學觀察一樣，主張和理論能建構出一個架構，以幫助我們闡釋所見。而危險的是，先入之見會影響我們的觀察，導致我們無法真正地看見眼前所見。理論並非完美，它們只是描述模式和關係，我們必須選擇性地採用理論，而同時併用我們對個別兒童的了解。

2

在教室中營造
學習科學的環境

當我嘗試在教室中成功地營造學習科學的環境時，我牢記以下幾點：

興奮、好奇、疑問和驚奇是科學的一部分。我必須留意能引發兒童興趣、讓他們感到氣餒，以及能讓他們得到回報的是什麼。

兒童可以成為教室裡的科學家。如果他們能夠觀察和直接地研究自然現象（不是死記知識，或是聽別人的研究結果），學習效果將會最好。這並不是說，兒童需要一個擺滿了昂貴器材的實驗室，或是八歲的孩童能夠理解與他們的生活經驗無關的諸多假設，而是兒童需

要機會去直接探索周遭世界。

　　兒童需要足夠的時間！觀察、研究、發展和試驗想法都需要時間，與其野心勃勃，不如深入地探討一個問題或主題。有一年，我班上七歲和八歲的兒童從九月到十二月，以四個月的時間研究蟋蟀。另一年，從九月開始到第二年的六月之間，我們研究鳥類。某一年秋天，五歲和六歲的孩子開始研究天竺鼠，而這個研究將持續兩個月。

　　兒童需要機會與別人協力合作。一對一的夥伴關係、小組，以及全班性的活動，都能促進工作時的愉悅氣氛和成果。

　　即使提供相同的經驗，兒童反應的方式會不同於成人及同儕。這是因為發展的差異、個別經驗不同，以及個人獨特的人格特質。我嘗試提供他們一些而非單一的指示和研究成果，而且接受兒童各種不同的工作方式和思考方式。

　　課程要適合兒童的年齡和經驗。我選擇的課程是以我個人的興趣和兒童的興趣及能力為考量。

教室以及內部布置對推動科學教育的重要性

　　科學活動要在哪裡進行？當然無處不可，它可以在戶外、窗戶上、兔子的籠子裡，或是兒童的桌上。但是即使如此，基於幾個理由我相信，在教室裡，我們需要一個特別的科學區。

　　首先，設置一個特別的科學區將使這門科目的重要性顯而易見。任何走進教室的人環顧四周之後，可以明顯地看見科學是教室課程裡的一個重要部分。

　　第二，如果教室裡有一個空間隨時可以從事科學活動，那麼無論兒童什麼時候有時間，他們都能去做。如果具備空間，而兒童又被教導如何依據目的而獨立地在其中工作，那麼，他們將會以對他們有意

義的方式主動從事科學研究。我從許多兒童身上學到，我也許熟知他們的方式，也許一無所知。有一年，有一對七歲的男孩讓我學到這一點。在那個秋天，我們班上研究蟋蟀。我們把牠們放在科學桌上的玻璃水族箱裡，餵牠們乾狗食，而且用有著很小的海綿瓶塞的瓶子餵牠們喝水。麥爾斯和寇瑞每天早上一到學校，把外套和午餐放定位之後，就直奔科學桌。早上時間裡，他們固定守候著蟋蟀，而在閱讀課或是清理時間之前，他們也會趕過來看牠們一眼。下午的安靜工作時間裡，他們經常選擇再回到科學桌去做更多的觀察。

在那個秋天，有許多科學時間都是由教師主導的，而同學們參與觀察、討論、畫圖和寫作與蟋蟀有關的議題（圖 2-1）。這兩個七歲男孩自選與獨立的活動和老師主導的研究不同。他們沒有做紀錄；沒有提出特別的問題；沒有時間表，沒有截止時間，不用參考書本。他們以自己的方式觀察、傾聽，追求自己的興趣；他們充滿了感情而且全心投入。

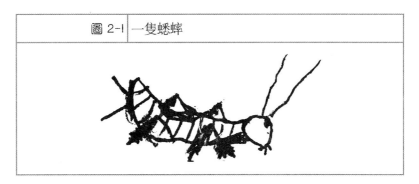

圖 2-1 ｜一隻蟋蟀

他們有沒有學到什麼？他們的表現讓我相信是的。有時候我在附近，可能是看一群孩子用水彩作畫，或者是幫助某個孩子做閱讀作業。麥爾斯招手要我過去看看：「看到這一隻怎麼動牠的頭嗎？我們認為牠就是這樣吃東西的。」

在全班討論時，同學們提出的問題經常是他們觀察到的行為。

有一個驚奇的八歲女孩報告：「我看見一隻蟋蟀把觸鬚放進嘴裡！」

寇瑞證實：「許多蟋蟀都這樣。」

另一個同學說：「也許牠們在吃牠們的觸鬚！」

「我想情形不是這樣的。」寇瑞有主見地回答：「因為過了一會兒，似乎牠們的觸鬚還是完整的，觸鬚並沒有變短。」

這兩個男孩經常在我們討論時挹注意見，牢記觀察的結果，以及當我們進行推測時提供有用的資訊，這些都令我深受感動。同樣重要的是，他們學著獨立工作而且訂定目標，以及選定學習的方向。

一個固定的科學區域，意謂兒童會比較容易參與長期的計畫。如果在每個工作時間結束時，兒童都必須將物品或是實驗收到視線之外，而後續的研究都需要預先準備，排出時間，並且拿出需要的用品，年幼的兒童一般還無法針對他們的想法預作準備和加以組織，因此許多問題得不到解答，或者被遺忘了。

我喜愛固定的工作和展示區的另一個原因是，它能幫助兒童知道別人在做什麼，並且從中學習。五歲的艾力克讓我了解這一點。他驕傲地給我看他畫的第二張天竺鼠圖畫。前一週他畫了第一張圖畫，可是不太滿意（圖 2-2A）。他邊解釋邊聳肩：「我還不會畫天竺鼠。」

看著他的第二幅圖畫（圖 2-2B）我說：「艾力克！在這張圖畫裡，你明顯地畫出牠身體的形狀。」

「以前我把牠們畫得像人一樣。」他解釋：「因為我還不會畫動物的身體。」

「我注意到你的圖畫有很大的改變。」我說：「你是怎麼學會的？」

他指著在科學布告欄上另一個孩子的作品。「我看著喬爾的圖畫。他並沒有告訴我他是怎麼畫的，可是當我看著圖畫時，我自然就知道了。」

在設計空間時，我必須記住我希望兒童做什麼，以及班級的特性和需求。我也必須將室內可用的空間、其他工作區域的位置、家具和用品等因素考慮在內。

圖 2-2A 艾力克的天竺鼠：第一張圖畫

小科學家的姓名 ___艾力克___

我看到 _____

―― 把看到的畫下來 ――

我注意到 _____

_____

_____

_____

圖 2-2B 艾力克的天竺鼠：第二張圖畫

小科學家的姓名 　　　　　艾力克

我看到

　　　把看到的畫下來

我注意到 _____

_____

_____

_____

上課用品

必要的材料和設備都很容易取得：

桌子

椅子

幾個容器來裝觀察用的小動物

蠟筆、鉛筆和彩色鉛筆

白紙或是學習單

有用，可是並非必要的是：

手持透鏡

帶夾寫字板

一個顯微鏡（顯微實體鏡）

尺

模造紙

不管是什麼年紀的兒童，我知道他們需要空間一同工作。最低限度，至少可以兩張桌子並排，在桌上有展示區，而帶夾的寫字板隨手可得。長桌子非常好，你既能安排展示區，它們又容得下三到六個孩童（圖 2-3）。

如果可能的話，我會將桌子擺放在室內觸目可及之處，也就是屋子中間沿著牆，或是在門口就能看見的地方。我希望孩子能立刻就發現班上又有一個新的展示了，或是在他們前去上數學課或清掃的途中，

圖 2-3　在五和六歲兒童教室裡的科學區；注意陳列
　　　　兒童作品的展示區

能夠「看看」蝌蚪。要將科學區安排在兒童能專心觀察、畫圖和寫作
的地方，但是，那個地方不能是個得隨時保持絕對安靜的地點。一般
來說，我會將它安排在離戲劇扮演、木工或是閱讀桌有一點距離的地
方，可是靠近美勞、個別閱讀或數學區。除了桌子和椅子之外，布告
欄可張貼完成的作品（布告欄愈靠近科學桌愈好）。參考書要擺放在
書架或桌子上，要讓兒童能夠迅速取得，不需打擾其他人正在進行的
課程（圖2-4）。如果書本隨手可得，利用率必然大增；如果書本放在
遠處或是很難找到，那麼結果可想而知。

圖 2-4	縱深較深的窗台可用來擺置參考書籍

　　如果種植物的話，有窗戶是很棒的事，可是如果你正好要養一缸熱帶魚就麻煩了，動物不可接觸直曬的陽光；所以，如果你計畫要養動物，又沒有別的地方可用，那麼想辦法把窗戶遮起來吧。

　　找一個儲藏的空間存放用品很重要（蠟筆、手持的透鏡和學習單），完成的作業也需要一個地方存放；籃子、資料夾、帆布袋和抽屜都能派上用場。（更多有關室內空間安排的訊息，請參閱 Charney et al., 1984。）

　　我很喜愛顯微鏡，而且發現七歲和八歲是接觸低倍數顯微鏡的好時機（也稱為解剖或立體顯微鏡）（圖 2-5）。可是一座好的顯微鏡所費不貲，而一門成功的科學課並不是非要它不可。有時候你可以多買一些便宜的手持式透鏡，讓每個兒童人手一個，或是準備許多放大鏡，放在科學桌讓每個兒童使用。

　　有些兒童需要尺來畫直線或是測量標本。我會準備尺，可是很少

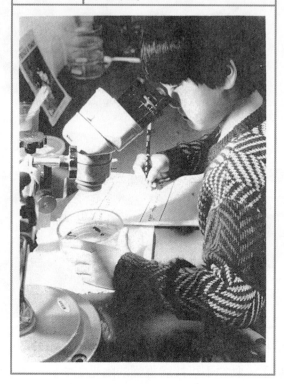

| 圖 2-5 | 七歲和八歲是接觸低倍數顯微鏡的好時機 |

要求兒童使用它,兒童自有許多方式來比較大小:

「那根綠色的羽毛比棕色的大。」

「那塊石頭和我的手掌一樣大!」(當然我們必須記住,如果兒童還不了解數字、面積或是體積,其測量的方式可能會和成人的非常不同!)必須等到他們能夠輕易地駕馭尺上面的分數數量,否則即使有測量的動作,結果可能並不精確。我希望兒童會比較而且思考大小等問題,可是我不希望他們陷於泥沼拼命想弄清楚分數。如果了解大小對兒童很重要(比方說兒童研究鳥類時,得常常用到圖鑑,而圖鑑裡有許多與測量有關的地方),那麼我就和他們一起:「你得這樣測量,從翅膀的一端量到翅膀的另一端。」即使如此,並非團體裡的每

小科學家:兒童學習探索周遭的世界

一個小孩都得精通測量，我們才能進行得下去。小組裡的一個孩童可能負責取尺，而他的同伴則負責描述和畫鳥喙，並且與圖片互相比較。

　　彩色的模造紙或是海報板對展示很有幫助。色彩能使被展示的物品更具吸引力，也能使它們在視覺上更凸出（比如在沙子或淡色的羽毛下襯以黑色；若是盛水的玻璃盤裡養著池塘的生物，底下襯以白色）。若是桌子的空間分配得當（鉛筆放在筆筒裡，貝殼則陳列在彩色紙上），那麼兒童就能保持這塊區域整潔，並且能好好照顧脆弱的標本（圖2-6）。維持科學區的井然有序和美麗將值回票價。在布置這個區域時，我們告訴兒童：「科學很重要。」如果我們任由它蒙塵，變得雜亂無章，或者標本經常遺失或損壞，那麼傳遞給兒童的訊息將變成：「呃，沒那麼重要啦！」

學習單：在課程中所扮演的角色

　　不管什麼年紀的科學家都會做紀錄。有時候我以筆記本和圖畫紙來做紀錄，而且我經常使用學習單。很多人恨死了曾經被要求寫那似乎永無止盡又相互雷同的學習單，為什麼我還要使用它呢？好的學習單對一個活動有畫龍點睛之效（圖2-7），它們點出該如何著手，以及界限所在。這對剛起步的兒童很有幫助，特別如果他們習於教師主導的活動，總是教師要求他們回答一些特定的問題。如果只是告訴他們去觀察吧，對某些兒童來說可能太開放而且太模糊了。

　　學習單可以指出一個方向，而不會局限成「只有一個標準答案」的情形。學習單上可以是：「寫下你的名字以及你在觀察什麼，畫出看到的。如果你注意到一些特別之處，把它們寫下來。」我提供學習單在科學桌上任兒童使用，我也在本書〈附錄〉附上範例讓讀者複製使用。遲早，有些兒童會設計出他們自己的學習單。

| 圖 2-6 | 彩色的模造紙能使被展示的物品更具吸引力,而且能幫助區隔空間,以便兒童照顧脆弱的標本。 |

A:兒童安排的展示

B:兒童在戶外教學中蒐集的實物,由老師安排展示

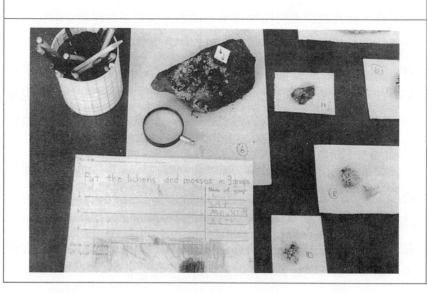

圖 2-7 一份好的學習單使活動更明確，而不是把它限制成「只有一個標準答案」。

　　當我設計一個計畫時，我盡力在教師主導和開放之間尋求平衡。我設計活動讓兒童了解我對他們的期望，以及該如何開始。我也希望提供足夠的自由讓兒童以自己的方式做，信任他們的想法、他們排定的優先次序，以及進行的方式。學習單能設計成提供這種平衡。在我使用的學習單上，兒童一開始可以畫圖或寫作，他們可以寫一點或寫很多，畫鳥瞰、畫側寫，或是畫等比例的圖畫等等。就像科學桌和觀察活動一樣，學習單提供給兒童足夠的架構讓他們感到能夠掌握，知道從何處著手，而在這個架構之下他們擁有許多自由。

　　某種特定程度的架構其實提供了自由。當兒童的成長超越了我們提供的架構時，他們會讓我們知道的。他們可能走過來，說：

「能不能再來一張作業紙？」

「能不能用圖畫紙來代替？」

「我可以做一份報告嗎？」

「我想試試看一個實驗。」

　　有些時候，我們可以觀察到某些事情行不通。例如，一群七、八歲的孩童正在研究鳥類，他們熱情十足地研究同學帶來學校的鳥巢。因為之前他們成功地鑑定了幾種鳥類，因此他們決定也試試看鑑定鳥巢。然而結果頗令他們氣餒，我注意到有些兒童放棄了，而有些則草草地貼個標籤了事（通常是不正確的）。

　　一般來說，兒童對鳥巢的興趣似乎減少了。我和全班一起討論這項工作的艱巨性，並且設計了一張學習單，在學習單上有一套步驟幫助他們以不同的方法進行鑑定（圖 2-8）。同學的興趣死灰復燃，而當幾個兒童請教的成人專家們給同一個鳥巢不同的名字時，鑑定鳥巢的困難性就被凸顯出來了。

　　在兒童做觀察紀錄時，我牢記他們的作品只是研究的一面，成品和過程交織混雜。圖畫使我們有如親眼目睹，同時也讓別人知道我們所看到的是什麼；成品則幫助我們與別人分享，而且告訴別人最後的結果是什麼。可是圍繞著學習單的後續研究、活動和對話，都使兒童興奮非凡。如果學習單不能有所啟發，那麼它們就成為不得不做的老套了。

　　並非兒童每次在科學區做觀察都要寫觀察單，也許他們要花幾個小時觀察池塘的生物或是天竺鼠才能做一張學習單。畫圖和寫作需要許多時間，而兒童需要只看而不用做作業的時間。要求兒童交作業能幫助他們觀察和分享，但也可能造成阻礙。再一次，我在兩者之間尋求平衡，使得「觀察」不等同於「填滿學習單」。

小科學家：兒童學習探索周遭的世界

圖 2-8 設計來幫助兒童解決鳥巢鑑定問題的學習單

鳥巢的構成　　　　　　　　　**神祕的問題：**

我觀察的鳥巢是由……構成的：　哪一種鳥築這個鳥巢？

—— 泥巴

∨ 草

 ✕ 小樹枝

—— 樹葉

—— 樹根

∨ 其他：Fuz
weeds

不可能築這個鳥巢的鳥是：

a Trumpeter swan Beacus
it is To big asterage Beacas
it is to big a Hawk Beacas
the nest is To Small cliF
swaLowe Beacas Thar nest
is much DiFRent
Owl Beacas Thay Don't Live
in Rasbbery Bushes

描述鳥巢：

not That open
Spunge

鳥巢的大小大約是：

SoFet ball

在哪裡發現這個鳥巢：

Rasberry Bush

可能築這個鳥巢的鳥是：

BaLtamor oryeL beacus Thay Do
NOT ✕ Nes Twigs The orchard
oryeL Beacas The nest
Looks the same in a Field
Gied Red Eyed viros

我的假設是：　BaLtemor orol
築了這個鳥巢，因為：1. it is a hanging beacus it is hanging nest
it wold Fit in The nest 2. The Range is Right 3.

在學校開學之前，我的時間花在設計教室上，使教室既能讓孩子自由探索，又具備足夠的設備刺激兒童學習。用心地設計教室環境能促進兒童參與科學活動。一旦教室準備妥當之後，我就開始思索應該怎樣開始我的科學課。

3

第一堂課：
科學家是什麼？

　　當學期於九月開始，我知道，我得花幾個星期的時間讓學生明瞭教室的各項設備。我將逐一介紹每個工作區域，並且謹慎和從容地介紹教室裡的設備和材料。通常在開學的第一週，我會立刻開放科學區域。我們做的第一件事是觀察一樣物品、植物或動物，並且記錄觀察所得。觀察將持續一整年，並且一年年繼續下去。不論我們五歲或是十一歲（或是三十、五十歲），不論我們在研究岩石、青蛙、電池或河流，這是我們傾力並且會持續去做的。在開學之前，我努力思考要從何處開始。有時候，我選擇與我們日後將會深入研究的一項題材相關的物品——比方說如果日後要研究鳥，也許我會選擇羽毛；如果日

後會研究食物，也許我會選擇蘋果。有時候這個物品與任何主題或是單元無關，只是它激起了我的好奇心，而我認為也會引起兒童的好奇心；這項物品必須堅固耐用，能夠經得起孩童把弄，也許是一個美麗的貝殼、一根骨頭或一朵花。不同年齡的兒童對不同的特定事物很有興趣，七歲的兒童喜愛小小的生物，我可能會選擇蟋蟀、蜻蜓，或是色彩斑斕的毛毛蟲；我為五歲和六歲的兒童選擇他們熟悉的事物，例如寵物或是菜園裡種植的蔬菜；至於十歲或十一歲的的兒童則選擇帶有神祕色彩或是含有部分神祕色彩的事物，使他們必須花功夫找資料和做研究才能分辨究竟。

第一堂課

我會在課堂上介紹科學區和課程，而參加的可能是一小組兒童或是全班。在這堂課裡，我將試著了解他們心目中的科學家是什麼，以及他們知不知道我們將如何上這門課。我和兒童一起討論以訂定規則。他們的工作區域在哪裡？工作時間是什麼時候？對象是什麼？能抱起天竺鼠拍撫，或者牠只能留在籠子裡？我和兒童們一起複述規則。我請某個孩子示範如何拿取紙張，找到一個寫字的地方，也請兒童練習仔細地觀察，描述所見，最後再觀察一次。

與幼童的集會

以下敘述的第一堂科學課的實例發生在五、六歲兒童的班級。在這個例子中，我選了九個幼童參與這門課，而別的孩童則在其他區域自由活動。這群上科學課的幼童圍成一圈，坐在集會時的地毯上，離

科學桌不遠，一個大的圖表架則放在他們觸目可及之處。

老師：今天我們要做一件將會持續一整年的工作，也就是我們的科學課！我們怎麼稱呼從事科學工作的人呢？他們有一個特別的名稱，有誰知道是什麼？

丹尼：科學家。

老師：科學家。你們聽過嗎？（我在圖表紙上寫下「科學家」。）這個名詞看起來是這樣的──科學家，很新奇的名稱哦！現在，你們將會變成科學家。科學家是什麼？

羅蕊：他們觀看東西。

老師：他們觀看東西，是的。（我一邊在圖表上寫下來，一邊重複羅蕊的話。）還有呢？

瑞秋：他們觀看蟲類……

老師（再一次，把它寫下來）：他們觀看蟲類。

瑞秋：……他們看牠屬於哪一類。

老師（注意到有個孩子舉起手）：你有什麼看法？

納爾：他們發現事物。

老師：他們發現事物。（我對艾力克點點頭。）

艾力克：他們畫圖。

老師：他們畫圖。你認為科學家畫什麼？

艾力克：哦，也許有時候他們畫一些奇怪的圖畫，他們往下和往上，接著那邊、那邊，然後到處都是。（他一邊說明一邊示範。）

老師：科學家想要在圖畫裡告訴別人什麼？或是科學家可能會畫什麼圖畫呢？

瑞秋：他們可能畫一隻蟲。

老師：科學家可能會畫一隻蟲，來讓別人知道這隻蟲長得什麼樣子。有其他看法嗎？

麥克：嗯，一匹馬。

老師：如果他／她正在研究馬，科學家可能畫一匹馬。

老師：是的，他們還做其他事嗎？（我指著我們的圖表。）他們可能觀看東西，他們可能發現事物，畫出看到的東西。他們還做其他事嗎？

納爾：嗯，他們可能挖恐龍的骨頭。

老師：有可能！你們聽過科學家挖恐龍的骨頭嗎？

納爾：是的，我在一部電影裡看過。

老師：你有其他的想法嗎？

納爾：他們可能把牠拼起來。

布來恩：我看過一個真正的骨架。

老師：他們可能把所有的骨頭拼湊起來成為一副骨架！凱瑟琳，妳知不知道科學家還做什麼？

凱瑟琳：他們研究黃金。

老師：他們可能研究黃金。請再提供三個看法。

丹尼：如果他們把更多的恐龍骨頭接在一起，他們可能會知道該怎麼去拼，可能會製作出一個模型。

老師：他們會製作出模型，也就是嘗試和找出來要如何搭配。麥克？你有沒有不同的想法？

麥克：我忘了。

老師：提米？

提米：我知道科學家做什麼！他們尋找印第安人的東西。

老師（檢查一遍表上所列）：這是我們列出的表。我們找出科學家所做的事。我們認為科學家：

觀看東西；

觀看蟲類；

發現事物；

畫圖，也許畫一隻蟲或是一匹馬；

小科學家：兒童學習探索周遭的世界

有時候挖恐龍的骨頭而且把牠們拼起來，接著做成一個模型；

有時候研究黃金；

或是尋找印第安人的東西。

好啦，現在你們將要做一些科學活動，我們將要從「科學家觀看東西」開始。（在我大聲讀出來的時候，我在圖表上的這個想法之下畫了一道線。）當科學家觀看東西時，有一個特別的名詞來形容他們正在做的事。你們知道是什麼嗎？

幾個孩童：不知道。（另外幾個兒童搖頭。）

老師：他們並不說：「嗨，讓我們來觀看東西。」他們……

布來恩：他們探索發現。

老師：是的！他們必須做某件事才能探索發現。這是一個很重要的字，我要把它寫下來，現在我要說出來了——「觀察」。你聽過這個字嗎？它的意思是什麼？

提米：你可以把它放在一個盒子裡。

老師：好的，我會把它放在一個盒子裡。（我在這個字的周圍畫了一個盒子。）這就是了。「觀察」，這是一個新奇的字，它是用來做什麼的呢？

納爾：觀看東西。

老師：它指的是觀看東西。你認為科學家會怎樣觀看東西呢？「觀察」意謂你看著，而你怎樣看呢？

瑞秋：小心謹慎地。

老師：你很小心謹慎地看著，而這是你能夠探索發現的原因之一。請在圓圈當中留下一個大空間，我要拿一些東西來讓你們觀察。

瑞秋（坐在地板上往後滑退）：這麼遠……我們必須向後退！（我回來了，手裡拿著一個大籠子。）

幾個孩童：天竺鼠。

麥克：這是我第二次看到天竺鼠！

丹尼（對隔壁的同學說）：我知道天竺鼠。

老師：來了。（我把籠子放在圓圈中間而且坐下來。在這個時段，我將不會寫字。）看起來似乎納爾有一點被擠到後面了。我們要怎樣調整圓圈，讓每個人都看得見呢？（凱瑟琳在地板上往後退。）很棒的主意，凱瑟琳。

現在是觀察天竺鼠的時間。你們已經知道該怎樣抱天竺鼠、拍撫，和餵牠吃東西。這一次，你們要觀察牠。這是什麼意思呢？

納爾：研究牠。

老師：是的，研究牠……要怎麼做？

提米：作記號。

老師：我們要為牠作記號嗎？

提米：不。

老師：那我們要怎麼做呢？

艾力克和瑞秋：觀看牠！

老師：是的。瑞秋，當你觀察這隻天竺鼠時，當你真的非常仔細地觀看牠時，你會注意到什麼？你會看到什麼？

瑞秋：牠有牙齒。

老師：牠有牙齒。這是一個科學家會注意到的嗎？

瑞秋：是的。

老師：當然。提米，當你觀察牠時，你注意到什麼？

提米：牠喝水和吃東西。

老師：牠喝水和吃東西。我們以前看過！牠現在正在做這兩件事嗎？

提米：不是。

老師：那牠現在做什麼呢？

提米：四處走動。

老師：提米注意到牠在四處走動。布來恩，當你觀看我們的天竺

鼠時，你看到了什麼？

　　布來恩：牠毛絨絨的。

　　老師：牠毛絨絨的。如果一隻動物毛絨絨的，科學家會注意到嗎？

　　布來恩：會的。

　　老師（點頭同意）：當然！麥克，你注意到什麼呢？

　　麥克：我不知道。

　　老師：嗯，看看牠。如果你很仔細地看著牠，你會注意到什麼？

　　麥克：牠輕輕地咬籠子。

　　老師：牠輕輕地咬籠子。你注意到什麼？

　　艾力克：我能看得透牠的耳朵，而牠的耳朵裡黑乎乎的。

　　老師：你能看得透牠的耳朵，而牠的耳朵裡黑乎乎的。如果你注意到這個，表示你真的非常小心地觀看。

　　老師：羅蕊，你注意到什麼呢？

　　羅蕊：牠的耳朵。

　　老師：你注意到耳朵怎麼樣呢？

　　羅蕊：牠們的耳朵小小的。

　　老師：天竺鼠的耳朵小小的，不像兔子有大大的耳朵。（提米笑了。）

　　老師：一位科學家必須注意到這個。為什麼呢？（沒有任何反應。我明瞭這些兒童對科學家的了解剛起步，而我提出的這個問題需要他們歸納超出他們年齡和經驗範圍的知識，所以我再試一次。）所有的動物都一樣嗎，牠們的耳朵都一樣嗎？

　　兒童（笑著）：不！

　　老師：不，所以科學家必須很仔細地觀看。（就在此時，天竺鼠吱吱叫了起來。）

　　羅蕊（吃吃地笑著）：真好笑！

　　老師：你現在注意到什麼？

提米：牠吱吱叫。

老師：你看到的嗎？

兒童：不是。

老師：那是怎麼知道的呢？

羅蕊：聽到的。

老師：所以，有時候當科學家觀察的時候，他們也傾聽。（瑞秋似乎想說什麼。）瑞秋，你要說什麼嗎？

瑞秋：籠子裡有一塊木頭。

老師：是的。冉迪把木塊放在籠子裡讓天竺鼠啃。納爾，你注意到其他事嗎？

納爾：牠站著！

老師：我們的天竺鼠能站著。

麥克：牠有鬍鬚。

老師：凱瑟琳，你注意到什麼？

凱瑟琳：牠抓癢。

老師：現在你們即將開始觀察這隻天竺鼠，事實上你們已經開始做了。你們已經觀看、聽、注意，而且告訴我你們注意到的許多事情。可是知道嗎？有一個特別的方法能幫助我們記住許多事情。羅蕊，請站起來走到科學桌，讓大家看看我們用來做紀錄的觀察紙放在哪裡。（羅蕊穿越圓圈走到科學桌旁，並且指出在布告欄上用硬紙板做的一個袋子。）很好。現在看我們有幾個人，給每個人一人一張。（在她數著的時候，我轉向大家。）你們想她需要幾張呢？九，好多呀！

羅蕊（拿著一疊學習單走回來）：我不知道數目對不對。

老師（點頭肯定）：現在，羅蕊發給你們這張紙，這是當你們做科學觀察時會用到的一張特別的紙。讓我們看看紙上有什麼。在紙的最上面寫著「小科學家的姓名」。如果這張紙是瑞秋的，這個部分該寫什麼呢？

兒童：「瑞秋。」

老師：如果這張是尼爾的紙，那麼這個部分應該寫什麼？

兒童：「尼爾。」

老師：這個部分寫著：「我看到」，接著有一條長線。我看到什麼呢？

兒童：天竺鼠。

老師：就今天的觀察，你可以寫「天竺鼠」。這並非必需，可是如果你想要的話可以這麼寫。在這個大框框裡寫著：「把看到的畫下來」。你在這裡會畫什麼呢？

瑞秋：天竺鼠。

老師：你會畫出眼中所看到的天竺鼠。你會不會畫一隻尾巴又大又長又有硬殼的天竺鼠呢？

兒童：不會！

老師：為什麼，提米？

提米：因為天竺鼠並沒有尾巴。

老師：牠有什麼？你會畫什麼呢？

提米：毛，毛，毛，毛。

老師：許多毛。最後，如果你是一個喜歡寫作的科學家，這裡有一欄「我注意到」，而且有空間讓你寫作，你想寫什麼呢？

提米：牠的耳朵小小的。

老師：好的。我想你們已經可以開始了。你們想用什麼來畫圖和寫字呢？你們認為哪一種筆比較適合科學家使用？

丹尼：鉛筆。

老師：是的。如果你要顏色的話，要用什麼？

兒童：彩色筆、蠟筆、彩色鉛筆。

老師：彩色筆的顏色很濃，我們只會偶爾用到，可是我們會常常用蠟筆和鉛筆！如果你看看科學桌，你會看到蠟筆和鉛筆放在哪裡。

你也會看到一個盒子，讓你們放已經完成的作業。

（我走到圓圈外圍。現在是孩童觀察天竺鼠而我觀察孩童的時候了。）（圖3-1）

一般來說，五歲幼童對科學家的印象是相當實際又明確的。他們可能把科學和其他專業混在一起，他們會就某個特別的活動列舉許多例子，或是聯想到個人的經驗。老師可以估計會有多少成果。對五歲的兒童來說第一堂科學課（就像其他所有課一樣）必須簡短。十分鐘的時間已經足以蒐集科學家做什麼以及小科學家該怎麼做的資訊了（包括怎麼使用保管文具材料）。日後將會有更多集會，你可以逐一為他們介紹。

與較年長兒童的集會

與六、七、八歲或甚至更年長的兒童，其第一次集會的基本結構是一樣的。當然，每一年的兒童各有其不相同的知識、能力和經驗。對同樣的問題：「什麼是科學家？」六歲兒童的回答不同於五歲的幼童，你可以由以下的實例中看出其中的演變：「嗯，雖然大部分的人認為科學家知道每一件事，其實他們並不知道所有的事。他們所做的是嘗試去理解許多事物，因為人們認為科學家知道每一件事，可是這並不是事實。他們嘗試知道許多事物，所以他們請其他的科學家一起來幫忙，而且人們經常是由錯誤中找到解決的方法。」

一位同班同學補充：「他們在森林中偵察昆蟲以做研究。喔，他們並不是真的偵察，他們只是進入森林，四處觀看，並且看看藉著觀看能了解多少。接著，他們把昆蟲帶回他們的實驗室做研究。」

老師問：「試驗室是什麼？」

「哦，實驗室是科學家創作和用顯微鏡做研究的地方。」

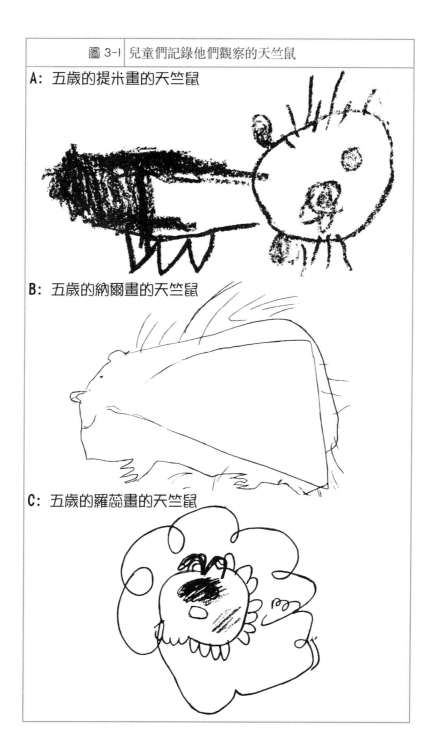

圖 3-I │ 兒童們記錄他們觀察的天竺鼠

A： 五歲的提米畫的天竺鼠

B： 五歲的納爾畫的天竺鼠

C： 五歲的羅蕊畫的天竺鼠

另一位六歲的兒童加上:「有時候,科學家的實驗室比學校還要大,因為裡面有許多許多的設備,而且他們整夜不休息地做研究。」

一群七歲和八歲的兒童列出科學家做什麼:

研究一項或許多事物

做研究

將看到的畫下來

寫報告發表在書裡

寫下他們注意到的事物

觀察鳥類

照顧生物

照顧自己

爬到樹上

觀察

觀看東西

做筆記

做野外研究

在這個年紀,有些答案相當明確,有些則較一般,顯示出他們已經明瞭範圍寬廣的科學活動。

面對七、八以及年齡更大的兒童,我可能會開始和他們探討客觀性。對於五和六歲的兒童,這個觀念已經初萌,可是幼童以自我為中心的特性,意謂我們只能點到為止。以五歲的凱蒂為例,她把天竺鼠摟抱在膝上,眼睛發亮地聲稱:「牠喜歡我!」當我問她怎麼知道的,她回答:「牠留在這裡不走,這就表示牠喜歡我。」

一般來說,年長的兒童比年幼的兒童較能理解科學的許多觀點,並且可以考慮較多的問題和可能性。茹瑟快要八歲大了,在她觀看孵

小科學家:兒童學習探索周遭的世界

出的小雞時，這個特點顯現無遺。當她把手放進箱子裡時，一隻小雞爬過來啄她的銀戒指。

她吃吃地笑著：「看！牠喜歡我！」

我問她：「妳怎麼知道的？」

「嗯，我把手放進去，牠就跑過來啄我。」

「你認為這些雞對人有感情，就像我們對朋友一樣嗎？牠們會喜歡或是不喜歡人嗎？」

「嗯……也許吧。」

「科學家對動物的想法很感興趣，可是很難去理解牠們的想法。我們沒有辦法問牠們！」

茹瑟笑著：「不，我們不行！」

「可是，剛剛發生的事情對你來說，一定令妳興奮又覺得有趣。」我指出：「所以，你要怎樣告訴其他科學家剛剛發生的事呢？」

「嗯，我可以說，當我把手放進箱子裡的時候，這隻小雞跑過來啄我。」

「是的，我看到這個情形了。你要怎麼告訴他們，你認為牠喜歡妳呢？」

「我可以說，也許牠喜歡我，或者我可以試著找出更多證據。」

和較年長的兒童，第一堂課可以討論科學家如何運用語言來做觀察報告，以及語言清晰和準確的重要性。以下是與七、八歲兒童討論的實例。

老師：我可以說這是一根很老的骨頭嗎？（我的手裡舉著一根大骨頭。）

珍妮：嗯，它看起來真的很老。

老師：為什麼你這麼想呢？

珍妮：那些洞洞，還有骨頭的一端看起來已經破損了。

克里思：而頂端還很平滑。

老師：所以，我可以寫：「這是一根老骨頭嗎？」這是我的觀察結果嗎？

南茜：這根骨頭可能只是被破壞了，可是並不是很老了。

老師：科學家在用字遣詞時非常小心，他們不希望把人們搞胡塗了！所以我們要怎麼形容這根骨頭呢？

瑪克：你可以說這根骨頭有洞洞，而有些部分則很平滑。

老師：如果我想要記下來我認為它已經很老了這一點，要怎樣說才能讓別人明白我的想法呢？

莫莉莎：你可以說：「我認為這是一根老骨頭。」

艾蜜莉：或者：「它看起來很老。」

在此，我希望表達自己對客觀性的看法。在科學上，一個人可能試著不帶感情，不以先備知識，或是不以曲解個人認知的偏見，來觀察周遭世界；可是事實上，絕對的分離並非全然可能。我們不可能是置身周遭環境之外的觀察者，在報告事實和真相時把自己完全抽離，我們重組已經具備的知識，而它可能會影響到觀察的結果。

我發現過分重視「事實對照意見」、「正確對照不正確」，或者對客觀性有一套特別的標準，將會使兒童對科學的目標和其可能性產生迷惑，而且分散他們觀察、思考和討論環境等的注意力。我代之以鼓勵兒童明瞭假設和偏見，比較從觀察和由其他途徑而得到的知識，比較某個觀察和別的觀察的結果。我們也盡可能以清晰的語言來表達經驗。以下的實例發生在九、十、十一歲女孩的班級，為以上的說法提供了進一步的說明，也顯示了較年長的兒童在第一堂課的表現。請注意，基本上第一堂課的基本架構與五、六歲兒童的第一堂課沒有什麼不同，但是兒童的回應反映出他們漸增的年齡和經驗。

老師：今天，我們將開始上科學課。科學家是什麼？

貝絲：呃，他們做研究。而且有許多種不同的科學家。

老師（點頭）：是的。

貝絲：很多種不同的！

老師：舉例來說？

貝絲：我不知道——像是「昆蟲學家」。

老師：昆蟲學家。這真是個難字！昆蟲學家做什麼呢？

貝絲：唔，我忘了，可是……

老師：有人聽過這個字嗎？這個字代表某種特別的科學家。

黛比：我忘了某一種科學家的名稱，可是他們研究蟲子。

老師：正是這個！昆蟲學家研究昆蟲。

黛比：他們有一個不同的名稱。

老師：嗯。去年我們在研究鳥類的時候，學到這種科學家有一個名稱。有沒有人記得？（少數幾個人搖頭，有些人則表情空洞。）

老師：就是這個字（我在圖表紙上寫下「鳥類學家」）。

黛比：喔，是的！

老師：好的。貝絲說有許多不同種類的科學家，而且他們做研究。你認為「研究」是什麼？

貝絲：研究什麼，你知道……

麗茲：他們研究的事物。

泰瑞：就像如果他們是一個昆蟲學家，那麼他們研究昆蟲。

老師：關於科學家是什麼，有沒有其他看法？

黛比：他們的研究是嘗試找到更多相關的訊息。

老師：是的！這是一個好說明（我寫下「研究——嘗試找到更多相關的訊息」）。所以，昆蟲的例子是……

黛比：他們正在研究的對象。

老師：對科學家是什麼，有沒有其他的看法？

蘇珊：有一群科學家常常出現在電視節目上，他們研究已經絕種或是瀕臨絕種的鳥類。他們試著找到方法幫助牠們，比方說他們以長得像母鳥的布偶來餵這些小鳥。

老師：所以有些科學家不只做研究，或是針對某個主題嘗試得到更多訊息，他們實際上也試著改變，或是做某些事。

蘇珊：加州的大兀鷹——他們正在復育牠們。科學家取走鳥蛋，使公鳥和母鳥生更多的蛋。

老師：是的。科學家正在努力避免大兀鷹絕跡。我要用這個字「防止」（我寫下「防止」）。你們可能聽過「防止牙齒蛀牙」。唔，「防止絕種」是⋯⋯

瑪姬：避免發生。

老師：「絕種」是什麼？

蘇珊：不再存在了，像恐龍。

老師：你們知道科學家還做什麼事嗎？瓊安？

瓊安：研究海洋。

老師（我一邊寫下來，一邊重複她的回答）：研究海洋。

麗莎：海洋生物學家！

老師：是的，他們可能是海洋生物學家，或是海洋學家。

麗莎：有些科學家研究岩石。

老師：是的，他們研究岩石，而且他們也有個特別的名稱，有沒有人知道？

蘇珊：岩石學家。

老師：岩石學家也不錯，可是一般人並不使用這個名稱，我們稱呼研究岩石的科學家為「地質學家」。

在接下來的幾分鐘裡，兒童們舉出許多不同科學研究領域的名稱。在確認了主要的分類之後，我們開始討論科學家如何工作。

老師：不同種類的科學家都有某些相同之處。黛比說他們有不同的研究主題：有些人研究星星；有些人研究昆蟲；有些人則設法解決空氣污染的問題。他們有不同的研究領域，可是他們也有相同之處。在這堂課一開始，貝絲說有一項共同之處是他們做研究。

蘇珊：而且他們學習。

老師：是的，他們都學習。你們能不能想出任何其他的共同點？

黛比：他們有相同的名稱「科學家」！

貝絲：在他們的名稱最後都有「ogist」這個字尾。

老師：是的！我們還知道什麼呢？我們知道科學家做研究，他們還做什麼別的事嗎？

蘇珊：哦，他們的工作是去嘗試和找出更多訊息，以便幫助預防，或是使事情變得更好一點。他們想找出更多訊息的理由各不相同，可是在做研究的時候，他們都試著發現更多訊息。

老師：他們做什麼以找出更多訊息呢？珍妮佛，你能不能舉出一個例子？

珍妮佛：唔，如果他們想更了解某種鳥類，他們會觀看牠。

老師：他們會觀看牠。

凱瑟：他們會做試驗。

老師：他們會做試驗。和你們做的拼字測驗一樣嗎？

凱瑟：不！它是那種你必須針對主題而做的測驗，嗯，就像……

老師：它很難描述。

凱瑟：就像設計一個測驗以得到更多訊息。

麗莎：觀察。

蘇珊：有一位科學家想知道某種魚類的毒性到底有多強，所以她在一些珊瑚礁上罩上塑膠袋。很快地，袋子裡的其他魚都被毒死了。（不同於五、六歲的幼童，蘇珊能夠找出原因和結果之間的關聯，而且明瞭有時候科學家為了找到答案，會以環境做實驗。）

老師：哇！你怎樣稱呼她所做的呢？

蘇珊：一個測驗。

老師：沒錯，是一個測驗。可是還有另一個不同的名詞。

瑪姬：實驗。

老師：實驗。黛比，你還有沒有其他看法？

黛比：有呀，可是現在忘記了。

老師：嗯，如果你想起來了，請告訴我。所以，科學家研究不同的主題，可是他們都藉由觀看、觀察、測驗和實驗來發現更多的訊息。

黛比：哦，他們都有特別的工作場所，例如保護區，有一種鳥類在保護區裡，所以他們設了界線，如果他們想研究牠的交配習性的話，就可以辦到。

老師：所以有時候科學家有特別的工作地方，現在你們將在這個特別的地方開始你們的工作。你們將以觀察做為開始。一分鐘以前麗莎提到這個字，而這個字和珍妮佛稍早之前提到的另一個字「觀看」有關。（我在圖表紙上指出這個字。）

老師：你怎麼觀察呢？

珍妮佛：你觀看牠們。

麗茲：你畫下所看見的。

老師：是的。今天你們就要觀看。

兒童們：卻克！（我抱出班上養的天竺鼠。）

老師：我知道你們之中有些人已經在卻克身上花了許多時間了！例如，我知道貝絲很了解卻克的習性。（貝絲用力地點頭。）

老師：你現在觀察牠的時候注意到什麼？

黛比：牠的毛髮看起來很粗糙。

老師：看起來粗糙的毛髮。

蘇珊：牠常常吱吱叫。

老師：常常。

老師：我注意到黛比有一個特點，她非常注意在她報告觀察結果時使用的字句。黛比說，這隻天竺鼠的毛看起來很粗糙。科學家必須非常謹慎的使用字句。為什麼？

貝絲：噢，黛比說牠看起來毛髮粗糙。

黛比：我不知道。

蘇珊：她還沒有摸牠，所以她還不確定。（當天竺鼠啃籠子的桿子，而且吱吱叫的時候，孩子們笑了起來。）

瑪姬：牠在啃桿子！

貝絲：牠的眼睛是紅色的。

老師：如果科學家沒有很注意自己所使用的字句，會發生什麼狀況呢？如果黛比說牠的毛髮粗糙……

蘇珊：嗯，如果牠的毛髮其實是柔軟的，她真正的意思並非像她所講的。

老師：這就對了。所以科學家只報告他們確實注意到的事物。

黛比（笑著）：牠看起來像狗！

老師：當牠看起來很好笑地又咬又啃時，你注意到什麼？

麗茲：牠並不是用牙齒啃。

老師：牠的牙齒看起來怎麼樣？你能不能仔細地看看？

貝絲：前門牙非常大！（她示範。）

蘇珊：看起來很像海狸的牙齒。

老師（點頭）：像海狸的牙齒。

貝絲：很久以前我就注意到牠們的前腳有四根趾頭，而後腳只有三根趾頭。

老師：要不要給大家看看？（貝絲抱著天竺鼠繞了一圈給大家看。）

老師：我們呢？我們的情形如何？

瓊安：一樣，五根手指和五根腳趾。

老師：其他動物呢？比方說狗？

幾個女孩：我不知道。

瓊安：我想一樣吧。

黛比：牠們不是只有四根指頭嗎？

麗莎：可是有些狗有一根小指頭，一根上爪。

老師：是的。當我第一次注意到天竺鼠的腳趾時，我很驚訝。我本來以為牠的前腳和後腳的指頭數目應該一樣。之前黛比談過牠的毛髮，有沒有人想抱抱牠，試試看感覺如何？（兒童們點頭）

貝絲（抱起天竺鼠）：牠很柔軟！輪到凱瑟了。

凱瑟：我不能抱牠。

老師：對的！事實上，我們要跳過凱瑟輪流抱牠，因為她過敏。現在把牠傳給珍妮佛吧。我們的時間只夠每個人很快地抱一下，可是今天下午我們會有比較充足的時間。你們注意到什麼嗎？

麗茲（笑著）：牠在咬珍妮佛的頭髮！

黛比：牠很好奇。

老師：好奇。為什麼你這麼認為？（我希望她們開始分辨觀察和推論的不同。）

黛比：牠到處嗅。

蘇珊：而且吱吱叫。

貝絲：我自己注意到：當你輕拍她身上不同部位的時候，她會發出不一樣的吱吱聲。

老師：真的嗎？

貝絲：如果你沿牠的後背摸，牠會發出「波爾爾爾」的聲音；如果你撫摸牠的脖子周圍，她會發出「維克，維克，維克，維克」的聲音。

老師：所以牠在不同的情況下發出不同的聲音。

蘇珊：天竺鼠發出的聲音聽起來好像牠生氣了！

老師：也許被一群巨人傳來傳去對牠來說很不舒服？我注意到你們都輕柔的撫摸牠，且盡量坐著不動，盡可能地讓牠感到安全。

麗茲：我開始養我的兔子時，牠跟天竺鼠一樣小。

老師：真的很小！快要輪完一圈，你們可以開始自己的觀察了。記得這些學習單嗎？

兒童們：記得。

老師：這裡要填……

貝絲：名字和日期。

瓊安：以及你正在觀察什麼。

老師：你需要什麼工具呢？

女孩們：有夾子的寫字板、鉛筆。我們也有彩色鉛筆。

老師：太好了！現在我要把天竺鼠的籠子放到圓圈當中，以便你

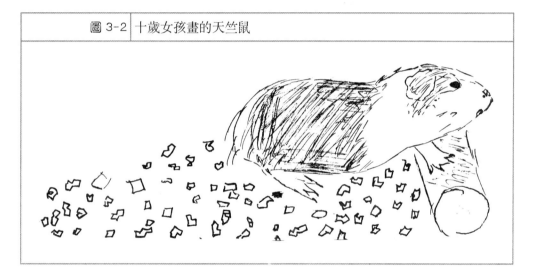

| 圖 3-2 | 十歲女孩畫的天竺鼠 |

們從任何角度都可以看到牠（圖3-2）。

在第一堂課裡，我引出兒童的先備知識，我們一起定義和練習科學家是什麼。在一年的課程裡，我希望看到他們參與所有的科學活動（蒐集、分類、預測、實驗），可是剛開始時我強調觀察。在前面所舉的例子中，可以看到兒童觀察，她們也分享訊息和想法，解釋觀察結果，辨識模式，回應有趣或令她們感到驚奇的事物，並且引用過去經驗中的知識。如同科學家同時使用許多技巧，兒童也可以一次運用

超過一種能力。觀察可以成為跳板，使兒童參與的範圍遠大於僅僅只是觀看一項物品而已。

4

兒童的第一個
實際操作時間

在第一堂課之後，兒童需要機會讓他們去觀察，可以是緊接在第一堂課之後的實際操作時間，或是當天稍後。如果他們始終沒有機會觀察，得等到當週稍晚，那麼在開始之前，最好有五分鐘的時間讓他們溫習科學家是怎麼做的。

在兒童的第一次觀察課時，我會在場，以便觀察他們不同的工作方式，提出問題，以及強調我所見到的正確行為。我的出現也是為了消除某些不確定該怎麼做的兒童的疑慮，以及在他們對待動物和使用器材時，給與一些必要的提醒。雖然我準備了一個地方讓兒童放他們完成的作品，我知道有些兒童在進行每個新步驟之前，還是需要「確

定」一下（check in）（「這是我放學習單的地方嗎？」）；而許多兒童在交出作業之前，會想要與別人分享第一次的觀察成果。

在兒童開始工作之後，我了解自己需要謹慎言行。我回想在第一堂課裡，兒童們告訴我科學家是什麼，我們一起定義了觀察是仔細地觀看、傾聽、觸摸和注意。我們也訂立了一些工作原則，比方說我們會使用學習單、蠟筆和鉛筆；我們會畫圖也會寫作；不可以將鉛筆和手指頭放進天竺鼠的籠子裡。這些是我期望看到孩子遵守的行為，當我看到時我會大聲地說出來：

「丹尼，我看到你記得要把觀察單放在哪裡。」

「艾力克，我注意到你用棕色的蠟筆來表現天竺鼠的毛色。」

「羅蕊，我看到你非常仔細地觀看。科學家就是這樣做的。」

當然，一些其他行為也在我的意料之內。有些人可能沒辦法安靜下來；有的小孩可能舉棋不定該如何開始畫圖；也許兩個孩童搶著要用同樣的棕色蠟筆。我以簡單和明確的方式來提醒兒童他們的工作是什麼，並且開始著手：

「瑪格莉特，你要坐在哪裡？你能找到一個好地點方便觀察天竺鼠嗎？」

「納爾，當你看著這隻天竺鼠時，注意到了什麼？你可以把它畫下來嗎？」

「哇，我們有兩個科學家注意到天竺鼠有棕色的毛，而且打算把它畫下來！你們需要什麼讓兩個人可以同時工作？」

接下來的例子敘述一群五歲兒童第一次觀察天竺鼠的過程。在之前我們已經討論過觀察是什麼，以及進行的方式，現在九個孩童即將開始工作。因為我們的科學桌只能夠坐得下三個孩童，因此我必須做一些特別的安排：

「九個科學家要一起工作，而科學桌並不夠大，所以今天我們要在這裡進行工作。羅蕊和麥克，請你們幫大家拿蠟筆。納爾和提米，

你們可以從架子上拿你們的觀察單和一個有夾子的寫字板。瑞秋和布來恩，現在輪到你們了。」

當孩子拿到他們需要的材料後，我走到圓圈的外圍看著他們。我注意到布來恩很快就開始他的工作了，他看著天竺鼠，畫圖，再看一次。羅蕊的面前撒了一堆蠟筆，而她正在寫名字，每一個字母用一種不同的漂亮顏色。納爾手握一個帶夾子的寫字板、紙和鉛筆，而眼睛卻望向積木區的兩個孩子；他繼續站著，而視線在天竺鼠和其他孩子身上游移。艾力克抬起頭看著我。

艾力克：這樣做對嗎？（我點頭。）名字應該寫在這裡嗎？（我再一次點頭。）這裡寫的是什麼？

老師：「我看到了什麼。」（我注意到提米兩腿交叉坐著，非常靠近天竺鼠籠子的一角，他的鉛筆在寫字板的邊緣輕輕敲著。）我看見你找到所有必需的物品，已經可以開始了。（我稍微繞著這群孩童走動。）布來恩，我注意到你一直在看著天竺鼠。瑞秋，你把注意到的特點畫下來，我看到你真的很認真地研究天竺鼠。艾力克，你記得圖畫要畫在紙上的哪一個部分。（幾分鐘之後，瑞秋把她畫的圖畫拿給我。）

瑞秋：我畫壞了！

老師：讓我看看。

瑞秋（指著她畫的一個圓）：這裡。（我們一起看著她的圖畫。）

老師：你不喜歡這個部分嗎？

瑞秋：不。

老師：你想要怎麼畫呢？

瑞秋（指著她的圖畫）：牠的頭，這裡。

老師（我考慮了一會兒）：嗯，很不容易將天竺鼠畫好，而你已經注意到許多你想畫下來的細節！你想在這兒再畫一次嗎？（我指著她第一次畫的圖畫附近的空白處。）或是你想要拿另一張紙再畫一次？

瑞秋：再拿另一張紙。

老師：好啊。（過了五分鐘，丹尼走到我的身旁。）

丹尼：我畫好了。（把他的紙扔給我。）

老師：來說明你的圖畫！我看到這裡是棕色的，這是牠的毛的顏色。而且我看到這個部分很特別。（我指著天竺鼠頭部的一端。）

丹尼：牠的眼睛、耳朵和鼻子。

老師：你注意到這些部位！我要看看牠的眼睛。（我走近籠子。）你看過牠眼睛的顏色嗎？

丹尼：看起來是黑色的。

老師：黑色的眼睛。和你眼睛的顏色不一樣，你的眼睛是藍色的！你要怎樣表現牠眼睛的顏色呢？（丹尼拿起一根黑色的蠟筆。）這樣會讓人們很清楚你注意到的部分。（我了解丹尼會把眼睛塗上顏色，而且很快就會做好。也許他可以和其他人坐在一起看看天竺鼠，而且與別人談一談，或許我應該讓他加入教室裡其他小組的活動。我注意到凱瑟琳玩著她的手鐲。）

老師：你做得如何了？

凱瑟琳：我不想觀察天竺鼠，好無聊！

老師：對你來說天竺鼠很無聊。

凱瑟琳：我已經了解天竺鼠了！

老師：是嗎？你家裡有天竺鼠嗎？

凱瑟琳：沒有。在我以前的幼兒學校裡有天竺鼠。

老師：所以你知道牠們的一些行為！（凱瑟琳點頭，並且轉動眼睛。）

老師（對整組兒童說話）：你們知道有些科學家只研究一種動物嗎？他們觀察一種動物，研究牠的行為。他們興致勃勃地一直觀察，以致有更多的發現。他們每天都觀察一樣的對象，他們保持興趣，因而成為研究某種動物的專家。你們聽過這種科學家嗎？

凱瑟琳：有！黛安……黛安，有一部描述她的電影。

老師：是的！她是一位專家，專門研究……

凱瑟琳：黑猩猩！

老師：有時候我也要幫助自己產生興趣。當我坐得遠遠的，我看得並不清楚，這時候天竺鼠看起來就不太吸引人；可是如果我靠近一點（我示範移近一點），我就能注意到許多事情，你們看看牠的鼻子在做什麼！（幾個兒童一看就吃吃地笑了。）

兒童：牠在聳鼻子！

老師：於是我開始產生好奇心。（我走開了，離開這位覺得很無聊的孩子，不清楚她是否需要更多的幫助。）麥克，我看到你已經找到方法來表現天竺鼠身體的形狀，你畫了一張尖尖的臉和扁平的背。瑞秋，從你的圖畫中，我知道你注意到天竺鼠的腳趾！妳能不能告訴我牠有幾根腳趾頭呢？

瑞秋：不行。

老師：要不要我把天竺鼠抱起來讓妳看清楚一點？（瑞秋點頭，當我把天竺鼠抱起來，有好幾個兒童停下手邊的工作過來看。）

瑞秋（先數牠後腳的趾頭）：一，二，三。

老師：後腳有三根腳趾頭。前腳呢？

瑞秋：一，二，三，四。

（有些兒童看起來一臉驚訝的樣子。）

老師：天竺鼠的前腳有四根腳趾頭，可是後腳只有三根。（我把天竺鼠放回籠子裡。瑞秋開始擦她圖畫裡的一些趾頭。我注意到提米敲打著的鉛筆已經離籠子愈來愈近了。）提米，如果你的手指或是鉛筆進入籠子裡，會發生什麼情況呢？

提米：牠可能會咬它們。

老師：唉喲！很可能牠也會嚇一跳。所以手指和鉛筆應該放在哪裡呢？

提米：籠子外。

老師：是的，你記得很清楚！

十分鐘之後，有些兒童開始把他們完成的作品拿來給我看。我和每一個孩童都有一些簡短的對話。我的回應大致不外乎：「你畫出了天竺鼠毛髮的顏色」、「告訴我一些你注意到的部分。」我會說我在他們的圖畫裡注意到的特點，或是他們的工作方式，而且給每一個孩子機會讓他們分享觀察所得。

接著我提供他們一個選擇的機會：「你可以留在這裡再看看天竺鼠，等每個人都看完了，我們可以輪流抱牠，或者你們可以選擇教室裡的其他活動。」我希望孩子們喜歡這個經驗（圖4-1）。我希望他們能夠花時間以不同的方式去了解牠，並且與別人分享經驗。我知道這個活動幾乎快要超過有些孩子注意力的極限了，可是我不想讓他們覺得，只要完成學習單就沒有其他事可做了。

老師在第一個實際操作時間中扮演的角色

在第一個實際操作時間裡，老師在場非常重要。如果全班同時做第一次觀察，那麼我會在教室裡四處走動。（如果面對七、八歲的兒童，我經常如此開始課程。我會準備份數足夠的物品，以便兒童可以兩人或是四人一組。一開始是全班一起上課，接著我們立刻分組去做。）如果情形像前述的例子，只有一部分的兒童上科學課，那麼我會計畫和那一組的兒童在一起。當然，我會注意教室裡的其他孩童，可是我必須將大部分的注意力放在上科學課的兒童身上。

在前述與五歲兒童上課的例子中，我似乎並未觸及教科學課時必要的一些教學方式，比方說，我並沒有講課或是多做解釋說明，我沒有告訴兒童天竺鼠的習性或是牠們的生命週期，我也沒有糾正他們的作品或是提供他們解決問題之道。

圖 4-1 孩童（六歲）與天竺鼠

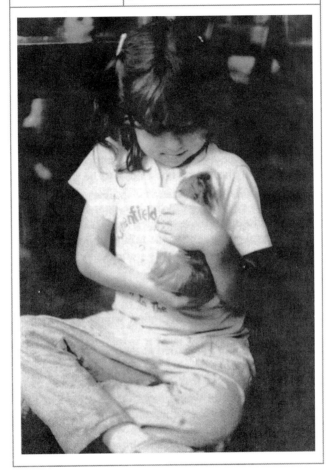

然而，我非常主動積極。我慎重其事地嘗試去營造一種氣氛，使兒童在其中能積極地探索周遭世界，而他們的自信和互助合作的能力也受到重視。

在兒童工作時，我在一旁觀看。我注意到布來恩很快就開始專心觀察；我注意到納爾站在附近，先看著積木區，然後看看同組的其他孩子。我知道每個孩子有不同的工作方式，而我試圖了解納爾的行為意謂著什麼。他在浪費時間？什麼事都不做嗎？他的注意力分散或是

健忘嗎？他觀摩別人如何觀察，來得到足夠的信心自己動手？我聽到艾力克在開始之前要確定：「是這樣做嗎？我的名字該寫在這裡嗎？」他想要正確地做這件事！一旦提供他所需要的保證，他就開始去做了。瑞秋也想做好和做對。對五歲半的兒童來說，視覺的混淆經常使得畫天竺鼠，甚至寫自己的名字，都變成一項困難的工作。我認為如果她能解決問題，那麼她會覺得自己做得很好，所以我要幫助她找到問題所在，並且支持她尋求解決之道。我很想說：「這個圖畫畫得很好！」或是「頭可以畫在這裡。」可是我知道這麼說無濟於事。有時候我對所見感到困惑，不確定下一步該怎麼做。凱瑟琳告訴我她覺得很無聊。這意謂什麼？是因為這個主題太熟悉，因此變得無趣嗎？是因為它是全新的，因此太困難嗎？她在試探我，或是她需要幫助以專注其上，並且產生興趣？我並不確定。我的直覺帶領我做出某種回應，也許我得再試一次，或許試一次還不夠。

我注意的範圍很廣。我對孩童工作的方式，以及對他們的發現同樣有興趣。科學就像其他課程一樣，我必須注意許多事情──不同孩童的工作方式，每個孩童需要的幫助，以及他們所發現和所做的紀錄。我並不擔心給他們許多天竺鼠的知識，事實上，我對這個學習的內容深感興奮，而且我希望孩子們也有同感。我們已經發現許多有關天竺鼠的知識，例如牠會吱吱叫、站立、聳鼻子，以及牠前腳的趾頭多過後腳的趾頭，牠的門牙很長，牠的耳朵的顏色不同。可是，這些訊息不應該由我發現之後教給兒童，應該由每個孩子建構他／她自己的知識。

在五歲孩子的班上，老師與兒童之間的互動和在較年長兒童的班級沒有什麼兩樣。在以下的例子中，是九到十一歲的女孩的班級，她們在前一章的敘述裡開始她們的第一堂科學課。

老師：我要把天竺鼠的籠子放到地毯中央，以便你們從任何角度都可以看得清楚。（女孩們拿好帶夾寫字板、鉛筆和觀察單。有幾個

人立刻開始畫圖，目光頻頻往來於天竺鼠和紙上。其他人則看著天竺鼠。蘇珊注意到牠飲水瓶裡的水剩得不多了，她把它從籠子裡拿出來。）

黛比：我希望牠不要動！

老師：知道嗎？科學家畫動物時，同樣也會面臨這個問題。在你一切準備妥當，可以開始記錄動物行為時，牠們就開始做別的事了！有些科學家擅長於很快地筆記動物的行為，而且很快地畫好素描。

黛比：牠又啃籠子了！

老師：當牠這麼做的時候，你很容易就能觀察到牠的嘴。

麗莎（第三次擦掉她的圖畫）：天竺鼠真不容易畫！

貝絲（指著她的圖畫）：我找到一個容易的辦法，牠們看起來像某種圖形，像一種擴展開的形狀。

老師：貝絲，所以你一開始先畫身體的形狀。

貝絲：然後再加上耳朵和其他部位。

老師（轉向麗莎）：你現在已經畫出牠背部的曲線了。

（在其他人畫圖的時候，蘇珊把水瓶裝好水，準備把它放回籠子裡。）

蘇珊（指著瓶子）：瓶子裡都是綠色的！

貝絲：我家裡的也一樣。我用牙刷把它清洗乾淨。

（天竺鼠開始大聲地吱吱叫了起來。）

麗茲：牠渴了。

老師：牠等不及要蘇珊把瓶子放回去！

（蘇珊把水瓶安置好，天竺鼠迫不及待地開始喝水）。

老師（注意到麗莎的挫折感）：唔，麗莎，我想，天竺鼠不打算讓你們輕輕鬆鬆地畫，牠一直變換姿勢。

珍妮佛：牠的腳看起來好像手。

老師：唔。為什麼看起來會這樣呢？

珍妮佛：嗯，像……

麗茲：手指。

珍妮佛：是的，可是……（她聳聳肩，似乎無法解釋。）

老師：試著把它畫出來。

貝絲：在底部看起來像手；牠們有小小肥厚的肉墊。

麗茲：牠們沒有大拇指。

老師：沒有，所以牠們不能這樣（我做出抓的動作），可是牠們能怎樣呢？

（珍妮佛彎曲她的手指頭，而且用手抓空氣。）

貝絲：牠們的鼻子有點像……（聳她自己的鼻子。）

老師：你們知道嗎，有些我們說過的事情，比如我說：「卻克等不及蘇珊把瓶子放回來。」科學家會把它們寫下來做為觀察的紀錄嗎？

黛比：不見得。

老師：為什麼不呢？

黛比：嗯，科學家會用比較特殊的字眼。有其他任何更好的說法嗎？

老師：「卻克等不及了」聽起來不特別嗎？

蘇珊：呃，你說的是牠一定很渴。

老師：聽起來似乎這樣。再聽一次，我說：「卻克等不及牠的瓶子被放回來。」這是我觀察到的嗎？

蘇珊：是你「認為」牠等不及了。

老師：是的。我看到了什麼讓我有這樣的想法呢？

蘇珊：嗯，牠繞著放水瓶的地方跳躍，接著牠開始喝水。

老師：所以，如果我不想讓別人弄不清楚，最清晰明瞭的報告方式是什麼？

蘇珊：牠看起來似乎等不及了。

老師：看起來似乎是。而我實際的觀察結果是什麼呢？

蘇珊：牠四處跳躍。

貝絲：天竺鼠的眼睛真紅。

老師：紅色的？

貝絲：現在看起來是黑色的，可是如果你在光線下看，它們是紅色的。

老師：所以是因光線而異囉，它們看起來怎樣？

貝絲：耶，我在一本書裡讀過。現在它們看起來是黑色的，可是在有光的地方，它們是紅色的。

老師：其實牠們的眼睛是紅色的，可是你們無法看到。

（在孩童觀察和討論的時候，天竺鼠來來回回地到水瓶這兒喝水。）

貝絲：牠還在喝水！看牠的嘴！

老師：這個部分很難描述。你要怎麼敘述它呢？

貝絲：牠伸出舌頭，有一點像把水吸出來。

黛比：不，牠推這個小球。

老師：當牠喝水的時候，下巴有什麼動作？

女孩們：咬。

麗莎：我畫不出牠的腿！

老師：腿的部分很難畫。

黛比：非常難。我永遠沒辦法畫出正確的比例。

老師：而天竺鼠的身體比例滿少見的。牠的腿有多長呢？

黛比：和身體比較起來，牠的腿很短。至少看起來如此。可是你知道，兔子的尾巴看起來只像個小毛球，可是如果你把它完全伸展開，它有這麼長。（舉起大拇指和手指來給大家看。）

凱茜：牠有尾巴嗎？

貝絲：沒有。

老師：你想看看嗎？我知道你沒辦法摸牠，可是如果貝絲抱起牠，

你可以看得很清楚。（所有的女孩都停止畫圖圍過來看。）

貝絲：你可以感覺到，它並不是一根真的尾巴，而是一個小凸起，就像脊椎骨的一部分。

老師：這是一個有趣的問題。我看過的大部分毛茸茸的動物都有尾巴。（我注意到麗莎又擦掉她的圖畫，而且看起來頗為沮喪。）

老師：你需要另一張紙嗎？

麗莎：不用。

老師：畫腳的部分是很棘手的。從我坐的地方，我只能看到一隻腳，而且看起來似乎只是趾頭從身體裡面伸出來，我完全看不到牠的腿。有時候在圖畫裡看起來似乎很奇怪，或者根本就是很難畫出來。

（麗莎繼續畫圖，改變腳的角度，看起來似乎比較高興一些。）

過了一會兒。

老師：可不可以把在書裡讀到的知識加在你的觀察結果上呢？

（有幾個女孩點頭表示同意，少數幾個則以嗯的聲音表示同意。）

老師：科學家如何告訴別人這些知識是他讀過的，不見得是他自己見到的？

蘇珊：我在一本書裡讀過。

老師：黛比，當他們寫「特別的」文章與其他科學家分享的時候，他們會標明這些訊息是在哪本書裡看到的，他們甚至會標明頁碼，以便其他科學家查閱。

麗莎：天竺鼠還在喝水！

老師：牠一直不停地喝水。

蘇珊：貝絲，你畫得很好！我在模仿你的！

老師：蘇珊，貝絲圖畫的哪個部分對你來說這麼寫實？

蘇珊：形狀！

老師：她的確有好方法來表現形狀。

（有幾個女孩停下手邊的圖畫過來看貝絲畫的圖，然後再回去繼

續畫。）

　　這個實際操作時間總共進行了大約二十五分鐘。這段時間的特色是非正式地討論天竺鼠的習性、每個人的圖畫，以及相關的訊息。在工作時間結束時，大部分的女孩都可以交學習單了；有幾個人要求稍後再繼續做作業（圖4-2）。

　　對這個年齡以及較年幼的兒童來說，我在場很重要。當我與孩童互動時，我試著扮演讓他們仿效的角色，我示範觀察的方法，辨別和回應他們的觀察結果，以及在困難出現時解決它。謹慎提出的問題能促使兒童分辨、分析、拓展，或是重新考慮其觀點。經由這些討論，孩童們學習到既科學又有趣的學習方式。

| 圖 4-2 | 十歲的貝茲畫的天竺鼠 |

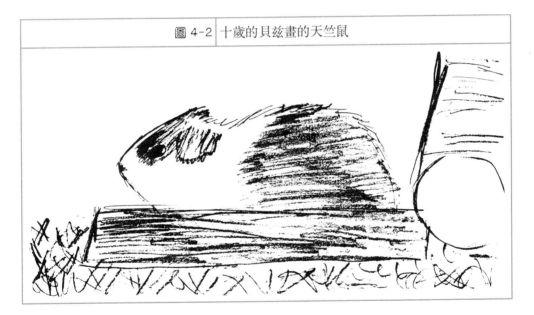

5

另一堂科學課：
與別人分享成果

在第一週的尾聲時，五、六歲班上的孩童都上過了第一堂課，他們觀察了天竺鼠，而且做了一些觀察紀錄。現在是聚在一起分享成果的時候了。我從布告欄和科學區「已完成作品」的袋子裡，蒐集了所有的觀察單，接著我按鈴，這是要兒童們停下來聽我說話的訊號。

老師：到地毯這邊上科學課的時間到了。（兒童們從教室裡各個角落走過來，在地毯上找到位置坐下。）「對的，羅蕊，我們需要一個大一點的圓圈。圓圈要大到每個人都有位置，而且每個人都能看見彼此。」（孩子們又調整了一下，我一直等到每個人的注意力都放在我的身上。）看起來你們已經準備好可以開始了！

在科學家工作了一段時間之後，他們可能會舉行一個會議。有時候科學家獨自做研究，有時候則群策群力，他們與其他許多科學家一起參加會議。有時候這些會議有個特別的名稱，像「研討會」，或「座談會」或「會議」。而我們稱這個集會為「科學會議」。科學家為什麼要聚在一起開會呢？

　　莎拉：也許是要分享工作的成果。

　　老師：是的。這是一個重要的理由。還有沒有別的原因呢？

　　提米：希望有更多發現。

　　老師：是的。他們可以從別的科學家那兒得到更多資訊。我們的科學會議也有相同的目的，就是分享經驗，聽聽其他科學家的工作成果，以及一起解決問題。這個星期每個人都觀察了天竺鼠，我看到你們仔細地觀看牠，注意到牠如何走動，以及牠的外貌。今天，我要請兩位同學來分享他們的觀察結果。我也要把有關天竺鼠的事情列出一張表。輪到與大家分享的同學，請帶著你的學習單站在我的旁邊。愛咪，你能不能示範一下？（愛咪站起來，穿過圓圈站在我的身旁。）

　　老師：科學家分享工作成果的一個重要部分，是讓圓圈裡的每個人都能看見她的圖畫，讓其他科學家可以藉由研究別人的圖畫而學習。愛咪，你能不能站在這裡，讓每個人都能看見你的圖畫？（愛咪拿著圖畫向四面展示了一圈。）

　　崔茜：我看不到。

　　老師：我們希望每個人都看得到，可是很容易遺漏掉！如果你沒看到的話，要怎麼辦呢？

　　崔茜：請她再讓你看一次。

　　老師：是的。你要怎樣讓愛咪注意到妳呢。（崔茜舉手。）是的，舉手是非常重要的！站在這兒展示作品可能會讓愛咪緊張，而她必須全神貫注在此。如果每個人都嘶吼：「我看不見！」會發生什麼狀況呢？

小科學家：兒童學習探索周遭的世界

瑞秋：她可能覺得很糟。

丹尼：她可能會搞胡塗。

老師：沒錯。所以當愛咪在展示作品時，我們能做的事是看她的圖畫，而如果你需要再看一下的話，要舉手。在這個集會裡，愛咪有另一項工作，她可以說出她所注意到與天竺鼠有關的訊息，或者她可以把寫下來的文字讀出來。愛咪，你想要怎麼做？

愛咪：說出來。

老師：好的。請大聲地說出來，讓每個人都聽得到。

愛咪：我注意到牠有指甲。

老師：愛咪讓我們看到科學家如何分享工作成果。有誰知道會議中其他科學家該做什麼呢？

冉迪：聽。

老師：是的。其他的科學家要仔細聽，如此他們才能學到更多有關天竺鼠的知識。怎麼樣才能讓愛咪知道你們在專心地聽呢？（有些孩子動一動身體，坐直了，看著愛咪。）

老師：我看到約翰有一些動作。約翰，你怎樣讓愛咪知道你在專心聽呢？

約翰：不要說話。

老師：我注意到你沒有說話。那你做什麼呢？

約翰：看著她。

老師：是的。看著愛咪。而且你的身體要……

約翰：坐直！

老師：所以參加會議的其他科學家要坐直，看著愛咪的圖畫，而且仔細聽她說話。他們還有另一項重要的工作，他們會思考她的作品，思考他們是否了解，是否有任何問題或是意見。科學家希望其他人了解他的工作成果。我們的意見會告訴愛咪我們是否了解。當你看到愛咪的圖畫時，你有什麼看法？

凱瑟琳：我喜歡它。

老師：你認為愛咪的天竺鼠畫得很好？（凱瑟琳點頭。）你怎麼分辨科學家的圖畫好不好呢？

凱瑟琳：如果它看起來很像實物。

老師：所以，科學家試著讓自己的圖畫看起來像實物一樣。在愛咪的圖畫中，有哪些部分跟真的天竺鼠一樣？

凱瑟琳：毛髮！

老師：她為毛髮塗上什麼顏色？

莎拉：棕色和白色。

老師：所以給愛咪的意見可以是：「我注意到你畫出天竺鼠白棕色的毛」或者「你畫的毛看起來和真的天竺鼠一樣。」有誰要練習提出意見？

布來恩：我注意到你畫了眼睛。

瑪格莉特：我注意到你畫了水瓶。

尼克：我喜歡你的圖畫。你畫了鼻子！

老師：這些都是很有幫助的意見。你們也可以提出問題。也許你注意到她所說天竺鼠的趾頭，而你想要知道她怎麼發現天竺鼠有幾根趾頭的。你要怎麼提出這個問題呢？

約翰：你怎麼發現牠有幾根趾頭的呢？

愛咪：艾倫抱著牠讓我數。

老師：如果你不了解，你可以發問，或者你看不到或聽不到的時候，也可以提出來。有沒有人想試試看？

羅比：我沒有聽到，能不能再讀一次呢？

老師：發問或是提出意見的時候，可不可以說：「我不喜歡你的圖畫。」或者「你忘了畫耳朵嗎？」

兒童們：不可以。

老師：為什麼？

麗莎：這樣做會傷害別人。

老師：可是如果你看著我的圖畫，而我真的忘了畫耳朵呢？

冉迪：還是什麼都不說！

老師：這樣做真的很友善。即使我忘了畫耳朵，你是不是能提出意見呢？

納爾：是的。

老師：你要說什麼？

納爾：你可以提其他部分。

老師：好的。我想我們已經準備好了。現在，愛咪真的要分享她的作品了。愛咪，你要怎麼做呢？

愛咪：展示給大家看。

老師：而參加會議的科學家們要怎麼做呢？請做給我看，是的，要坐直而且看著愛咪。

愛咪（展示她的圖畫）：我注意到牠有指甲。

老師：愛咪，如果妳想要的話，妳可以問大家有沒有問題或是意見。

愛咪：有任何問題或是意見嗎？（愛咪點珍妮佛。）

珍妮佛：我喜歡你的圖畫。

愛咪：謝謝。

老師：珍妮佛，愛咪的圖畫裡有哪一個部分跟真的天竺鼠一樣呢？

珍妮佛：她畫出形狀（圖 5-1）。

老師：她畫出形狀了。有其他的問題或意見嗎？

愛咪：艾力克？

艾力克：我注意到你畫了趾頭。（愛咪點頭。）

老師：再一個問題或意見。

愛咪：羅蕊？

羅蕊：我也畫了粉紅色的耳朵。

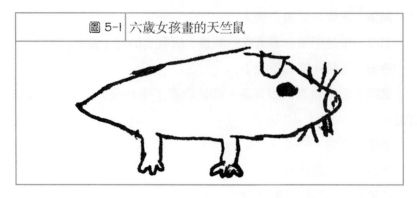

圖 5-1	六歲女孩畫的天竺鼠

老師：謝謝，愛咪。我會拿著你的作品，你可以找到妳的位置回去坐下。有誰想要分享作品呢？

（許多人舉手。）

老師：很多人都想要分享作品！下個星期一有另一堂科學會議，所以如果你今天沒有機會分享你的作品，下星期一還有機會。丹尼，輪到你了。

（丹尼站起來，站在我的身邊。我把他的觀察單交給他，而且我注意到圓圈中響起了一些小聲的交談；崔茜調整她球鞋上的鞋帶，而冉迪從坐姿變成躺下了。）

老師（面對丹尼）：我知道你已經可以開始了。如果你看到每個人都坐直了而且看著你，你就會知道大家都準備好了。（丹尼環顧圓圈，這時候冉迪坐起來，而崔茜也把鞋帶固定好了，於是他舉起圖畫讓每個人看。）

老師：在你看天竺鼠的時候，你注意到什麼？

丹尼：牠吱吱叫。

老師：如果你準備好了，你就可以要大家提出問題或是意見。

丹尼：我準備好了。喬爾？

喬爾：在中央的部分是什麼？

丹尼：這裡嗎？（喬爾點頭。）那是牠的心臟。牠的心臟在裡面。

凱特？

　　凱特：我看不見。（丹尼把圖畫轉過來，而且把心臟指給凱特看。）

　　丹尼：羅蕊？

　　羅蕊：我喜歡你的圖畫，天竺鼠吱吱叫得很大聲！

　　丹尼：我知道！

　　老師：再一個問題或意見。

　　丹尼：麥克？

　　麥克：我注意到你畫了眼睛。

　　老師：謝謝，丹尼。我會拿著你的作品。（丹尼找到自己的位置坐下，而我把圖表架移近一點，以便每個人都看得見。）

　　老師：我將會以學習單來追蹤你們所做的觀察。你們說科學家發現新事物，而這個星期你們發現了許多與天竺鼠有關的知識。現在我要從愛咪的觀察開始。（我寫下，然後把它讀出來。）天竺鼠有指甲。（我繼續，加上丹尼的觀察。）牠吱吱叫。還有誰有任何發現可以加進來？瑞秋？

　　瑞秋：牠的後腳有三根趾頭，可是前腳不同。

　　老師：你記得前腳有幾根趾頭嗎？

　　瑞秋：我想是四根吧。

　　約翰：對的，是四根。

　　老師：有任何其他人注意到這個嗎？

　　兒童們：我！我知道！（我聽到許多回答。）

　　老師：莎拉，你注意到什麼呢？

　　莎拉：牠的耳朵尖端有一點下垂。

　　（我繼續叫學生的名字，而且把他們的觀察加到表上。在幾分鐘之內，圖表紙就幾乎寫滿了。有幾個孩子還在舉著手，想要提出他們的發現，可是，呵欠聲和不安的扭動身體告訴我該進行下一步了。）

老師：這是一個很長的單子！這個星期你們藉著觀察天竺鼠，而找到許多有關牠的重要訊息。我會保留這張表，在下一次集會時，我們可以加進更多資訊；而且我們可以把它掛在科學布告欄上。你們可以隨時查閱，也許可以找到更多有關天竺鼠的資料！在我們這次集會中，我看到當別的科學家發表時，你們仔細地傾聽，這是科學家學習的一種重要方式。

　　和較年長的孩童舉行第一次科學會議的基本架構，與五、六歲幼童的一樣。兒童可以從存放已完成作品的盒子裡或是展示區拿出他們的作品，圍成一個圓圈坐下。有些兒童有機會分享他們的觀察單，而其他人則提出問題和意見。我可能會將每個參加會議的兒童的觀察結果，擇一列在表上，或是可能稍後才做。熟悉寫作過程的孩童可能會發現這個會議令他們有熟悉的感覺，而他們也會將在寫作課時所學的傾聽以及向別人學習的能力運用到科學課裡。（參閱〈參考書目〉裡有關寫作過程的書籍。）對任何年齡的學生，其基本模式都相同，也就是先分享，接著發問和提出意見。以下是八歲的瑪瑞安在科學會議中與大家分享成果的實例：

　　瑪瑞安：我觀察一根羽毛。（她讀她的學習單。）「在底部有一些白色蓬蓬的東西。羽毛的桿子看起來像塑膠。一邊看起來比另一邊顏色深。桿子愈往頂端看愈細小。這根羽毛看起來像一根槳。它的一面有白色的輪廓，可是在另一邊並沒有。」有任何問題或是意見嗎？

　　安德如：我喜歡你的圖畫，它看起來跟真的羽毛很像。

　　齊普：你畫出了所有的顏色。

　　老師：瑪瑞安，你能不能再說一次，你怎麼稱呼羽毛中間的那根桿子呢？

　　瑪瑞安：羽軸。

　　老師：羽軸。

小科學家：兒童學習探索周遭的世界

傑：我看過那根羽毛，我認為你的圖畫看起來真的很像那根羽毛（圖 5-2）。

| 圖 5-2 | 八歲的瑪瑞安畫的羽毛 |

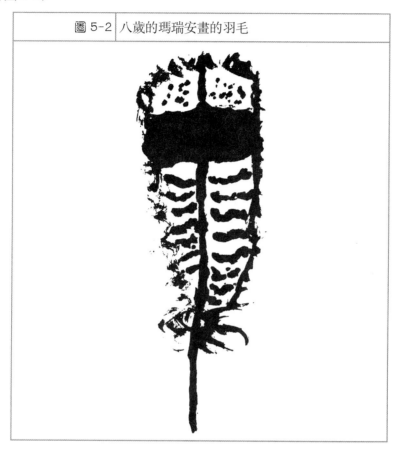

老師在科學會議中扮演的角色

在前述的例子中，兒童聚在一起分享他們的學習單，以及交換觀察所得。兒童也可以藉著會議來解決問題、計畫旅行，或是找出研究時遭遇的問題。不論是哪一樣，若是老師能有技巧地管理，那麼將能使會議既有效又明確。

身為老師，由我決定何時開始上課，可是由兒童幫助決定工作的內容，以及什麼程序或是規則，能幫助我們實現這項工作。第一堂分享課也有相似的合作關係，全班同學必須清楚目的是什麼，他們必須了解為什麼這個會議與他們的學習有關。較年幼或是沒有經驗的孩子也許不了解為什麼科學家要參加會議，在這種情形之下，老師要清楚又簡短地說明：「這個會議是為了分享上科學課的收穫。當科學家聚會時，他們可以知道新的發現，並且與別人討論自己的想法。」兒童可以補充或是重述：「他們參加會議以便學到更多知識。」「他們在會議上告訴別人自己的發現。」

　　較年長的兒童（他們可能對成人聚會以及討論較有概念，甚至在其他科目裡已經有類似的經驗了。）通常較能了解，為什麼科學家要參加會議。他們明瞭科學家需要聚在一起，以便從別人那兒得到幫助，分享研究成果，以及解決問題。

　　我希望這個會議的基調既有趣又令人興奮，最好的會議是活潑而每個人都參與其中。在會議中，我所做的其中一部分是表達我自己的好奇心、興奮的感覺和渴望；它不是表演，我只是清楚表達自己對科學的態度，以及我們正在進行的工作。我也設計了一個環境（在科學桌和會議中）來支持一個觀念，就是科學包含了有趣的事件、刺激思考的問題，以及兒童能夠了解的現象。

　　另一個與興趣和興奮有關的重要基調是安全感。科學會議必須是兒童帶來作品，能夠得到同學以及老師的尊重，不會被嘲笑和批評的地方。在會議中，不同的思考方式和不同的作品都應該被接受。

　　如果兒童感到安全，那麼他們會願意冒險去表達他們的想法，展示他們的作品，或是與混沌不清的想法奮戰。我希望會議是一個充滿活力的地方，在會議中，兒童可以努力解決問題，所以建立興奮和安全的基調是我的優先考量。

　　以下是一些具體建議，能鼓勵兒童專注、分享和討論，並建立一

個正面積極的會議基調。

老師清楚會議的目的是什麼。清楚會議的目的能幫助我保持會議的焦點不致偏失，而且明瞭該鼓勵或制止何種討論。在我與兒童討論過我們的目的之後，他們也能全權負責會議的進行。

老師和兒童一起訂立會議規則。我需要了解哪些具體的行為能更有效地進行會議，在這方面兒童能大力幫忙，而我們雙方都需要多加練習。在訂立解決問題的規則時，如果兒童參與愈多，那麼他們愈有可能會了解和遵守這些規則；如果規則是由外力強制訂定，或者似乎既專制又與實際的問題無關，那麼兒童將不易記住以及遵守這些規則。在成人的幫助之下，兒童可以訂立一套規則，幫助他們在會議中有安全感，並且能使會議有效地進行。

另一項能促進會議正面基調的是老師的行為。如果顯而易見的，老師對討論的題材很有興趣，對自己的觀察、傾聽，以及觀察兒童的學習成果抱著開放的態度，那麼兒童會看在眼裡。老師的態度會感染他們，甚至也開始興奮和專心起來。身體語言對表達興趣很重要。如果兒童在會議中發表作品，也許老師必須不時地環顧四周，看看孩童們是否遵守會議規則，可是她大部分的注意力仍然放在孩子的作品上。一個感到興趣的老師也許會傾身向前，以便看清楚一點，或是提出一個經過深思的問題，或是對感興趣的部分提出意見。如果她的注意力放在其他部分，或是寫東西，與其他兒童或老師交談，數午餐的錢，或是管理課堂秩序，那麼她釋放的將是一個非常不同的訊息。

這個觀點的延伸是老師的行為以及兒童期望老師具有的行為之間的一致性。當然，我們的工作並非全然一樣，（例如，老師也許不會花半小時的時間坐在科學桌上畫天竺鼠。）然而，我們同在教室裡，只有我們一起關心它，科學研究才會新奇有趣。如果我說：「科學家很好奇。」可是，在我身上完全看不到好奇的蹤影，兒童會覺得我不

一致，我必須讓他們既聽到我說，又看到我做。

老師要運用清楚又正面的語言。要幫助兒童以具體、清楚和正面的語言說出會議的目的和規則。當我問他們要怎麼顧及正在分享觀察結果的兒童的感受時，他們的回答不外乎：「不要嘲笑他們的圖畫。」、「當他們在發表的時候，不要說話。」

我必須幫助兒童依據我們要採行的行為而加以重述：「是的，如果我們說話的話，將無法好好注意，所以我們要仔細地看圖畫，而且認真地聽。」我們齊聚一堂以分享、思考、學習和解決難題，我並不想沉溺於負面的行為之中。

在每一次會議中，老師只專注於一或兩樣行為或是技巧。在初期的會議中，我的注意力只放在一或兩個議題之上，例如當別人在分享的時候，其他兒童該怎麼做。我們在每次會議剛開始時，會很快地複習一遍這些該有的行為。然後在會議進行當中，我會特別提出我看到的正面的行為，以達到加強的效果：「傑森，我注意到你看著安妮，這樣能讓她知道你已經準備好聽她發表了。」我盡量避免觸及其他議題（例如，觀察的準確性，和所提出的問題和意見的品質。）一直到下一次，當這些議題成為我主要的焦點為止。當兒童一起學習和練習新的工作方式，一次只專注於一個議題或行為將較為可行。如果我一開始就想面面俱到，那麼孩童（和我）將會很快就承受不了。我的步調緩慢，剛開始只專注於一點，接著再專注於另一點。這樣的步調能使我們發展技巧，並且明瞭自己完成的部分。

許多的技能和行為可以做為科學會議的焦點。你可以嘗試讓兒童做以下的學習：

學習大聲地讀出觀察結果。

練習提出思考過的問題和意見。

條列蒐集到的資訊。

學習照顧新的寵物。

群體決定下一步要怎麼做。

老師強調正面的行為和貢獻。在會議中，我會指出我所看到的正面的行為。必須從容不迫和付出努力，才能維持我想要的會議基調，特別是在剛開學的前幾次會議中。如果我期望孩童有某些行為，可是很快地轉移注意力到討論內容上，而放任不恰當的行為或是不去注意有幫助的行為，那麼會議的基調將快速地惡化。很快地我就會被迫不得不把放在天竺鼠上的注意力轉移到「閒盪」（fooling around），因為閒盪會嚴重干擾課程的進行。另一個可能是或許表面上不明顯的干擾行為，可是我的心裡暗自納悶，為什麼會議進行得如此「平淡乏味」，為什麼只有少數幾個孩童參與。

如果我的注意力能取得良好的平衡，一方面幫助兒童思考和討論他們對天竺鼠所做的觀察，另一方面當我注意到孩童有正面的貢獻時，我會「暫停一下」，以言語或神態給予肯定，那麼科學會議將可能會擁有樂觀、興奮和有趣的基調。

老師要謹慎選擇回應的方式。科學會議是兒童分享觀察所得的所在。在這個場合裡，需要教師做出某些特定的回應。我選擇就聽到的，或是在圖畫裡注意到的部分回應：「你看到天竺鼠有很小的爪子。」、「你仔細觀察以確定天竺鼠有沒有尾巴。」我避免以如下的言語來「糾正」孩童的作品：「你畫的是粉紅色的天竺鼠，可是我們的天竺鼠是棕色的。」或是「天竺鼠並沒有尾巴。」

我們之中許多人的學校經驗是，在做科學實驗時，結果必須是「正確」的；或者當我們解剖青蛙時，一定要找到並且標明出來教科書裡指定有的器官。也許有許多論點能支持這些工作是有用的，可是這些並不是我們在會議之前或是會議當中要做的。身為老師，我們必須注意，我們的回應不可以是「教科書」式的回應，或是糾正式的批評。

如果我們的成長經驗裡有愈多「不令人滿意的」、「A」、「B」、「C+」、「畫得真美」、「答案錯誤」，那麼我們愈容易陷入主導會議的角色之中。

如果我們能將焦點保持在研究的真正目的之上，那麼，我們將能鼓勵兒童做不同於別人的思考，並且能開放地分享觀察結果及想法。如果會議淪為為作品打分數的場所，那麼，兒童將會失去培養獨立思考能力的機會。

老師幫助兒童了解他們學到什麼。老師可以幫助兒童明白地表達或是展現所學，她也可以幫助他們注意或記住觀察所得、想法或是問題。有許多方法可以做到以上所述。把兒童的觀察列在圖表紙上，讓每個人清楚看到，既能將兒童的發現做成一個紀錄，也能由圖表的長度得知兒童了解了多少。若是你重複某個孩子分享的內容，不但讓那個孩子也讓全班孩童注意到它的重要性，比如：「你注意到天竺鼠沒有尾巴。」和「你能不能再說一次羽毛上那個像塑膠的部分叫什麼？」在工作時間時，老師可以發問，以啟發兒童思考或是產生問題；他們也可以幫助兒童將訊息加以組織，以易於了解和方便使用。在科學的範疇裡，明白表達所見、聯想以及發現問題等都很重要，而老師能夠幫助兒童做到這些。

老師要妥善處理過渡時間。老師要清楚標示會議開始和結束的時間。想想看，如果午餐的鈴聲響了，孩童們搶著排隊吃飯，而正分享到一半的孩子的感受會如何呢。一個「拖拖拉拉」的會議（有幾個孩子開始焦躁不安），或是臨近下課時間了，還有一堆程序有待進行（例如回家鈴就要響了），將影響到會議的品質。我嘗試清楚地區隔，讓孩子知道會議何時開始，以及讓孩子知道（也許甚至練習）如何取得所需的材料而準時集合。相同的，我也要讓他們知道會議如何結束，以及何時下課。

會議長度要配合兒童的能力。老師必須知道某個特定年齡或是

某個班級的孩童能專注於會議的時間長度。對兒童來說，參加會議、與一群孩子一起坐得好好的，以及注意別人的作品、想法、或問題，是不容易做到的，它對孩童是個不輕的負擔。我認為，我們可以期望孩子不但做到，而且做得很好，可是只限於一段時間。十五分鐘的長度對許多年幼的孩子來說很恰當；對其他孩童來說，十分鐘可能已經算很長了；而同時，有些兒童的注意力能夠維持更長的時間（我曾經看過一群七歲的兒童興奮又投入了四十分鐘）。我必須謹慎地管理會議時間，以維持良好的會議基調。一旦會議長度超過了兒童能負擔的程度，想要保持會議既有趣又有效，將很不容易。

老師將課堂秩序管理列為優先考量。看起來，似乎在學年剛開始時，我花了大量的時間在管理的議題上，而不是花時間在討論、實驗，以及其他看起來很重要的科學議題上。（有個孩子將天竺鼠畫了一根又長又毛絨絨的尾巴，而我的注意力卻放在孩子在發言前有沒有先舉手之上。）事實上，看起來似乎我在一本應該談如何教科學的書裡，一直不停地談管理的課題，可是，如果硬要將教學與課堂管理完全分開，將會過度簡化教學。

我們在教學，我們在與兒童一起探索科學，因此對我來說，科學的內容和學習的環境是密不可分的。有價值的主題必定從一開始就是教學的一部分，否則，我們將無法期望兒童去研究、思考，或是參加會議。伊蓮娜・達克渥斯（Eleanor Duckworth）在非洲小學的科學教育評論（review of the African Primary Science Program）中直言：「我強烈反對我們只提供兒童一套思考方式，那將變成一套枯燥的、毫無內容的工具。我相信，一旦孩童有了真實的對象供他們思考，這套工具自然會發展成熟；而如果他們沒有任何真實的事物做為思考的對象，那麼他們也不會運用這套思考方式。」（1978, 27）

我同意她的說法，我也相信我們教什麼和怎麼教（或是我們學什麼和怎麼學）是息息相關的。就像必須要有有價值的內容供他們思考，

兒童才能投注精力在學習上,他們也必須有一個課堂環境,在其中可以思考和做研究。若是兒童並不習慣於與別人協力合作,以及把別人的想法列入考量,那麼在他們觀察和發掘周遭環境的現象時,他們必須學習與別人合作的新方式。在學年開始時,謹慎地留意「在會議中如何合作」,能幫助建立互相信賴和尊重的學習氛圍;而在一年之中,老師和學生將能日益專注於有趣的科學觀察和問題之上。

　　會議的程序要明確。會議的程序愈明確,兒童就愈能自由地思考、討論和參與。我敘述的會議程序也許在一開始看起來太過正式或儀式化,然而我相信,這個結構將提供老師和兒童雙方極大的自由。在兩次或三次會議之後,即使五歲的幼兒也很清楚接下來要做什麼。當他們分享、聆聽、發表意見時,他們有安全感;而且他們知道,會議將在下課時間之前結束,他們會有足夠的時間外出玩耍。也許會浪費在猜測或是擔心接下來是什麼的精神,現在都能放在天竺鼠身上了。七歲和八歲的兒童不但能參與這類的會議,他們甚至可以主持會議。露西‧卡爾金(Lucy Calkins)寫道:

> 　　我終於明白,在我們的社會中,最有創造力的環境並不是萬花筒似的環境,萬花筒似的環境中,每件事總是千變萬化而又複雜。最有創造力的環境是明確又一致的環境,比方說,學者的圖書館、研究人員的實驗室、藝術家的工作室。因為在其中,工作和圍繞著工作的互動是如此的無法捉摸和複雜,所以這些環境都被刻意保持的既明確又簡單。(1986, 12)

額外的指引

　　分享圖畫、寫作或是想法，是兒童的權利。雖然很多兒童渴望與別人分享，可是有些兒童可能對此感到焦慮而退縮，給這些兒童一些時間，他們可能因為不同的理由而畏縮不前。學習障礙兒童或是對自己的作品不滿意，都有可能遲疑是否要與別人分享。這些兒童可能需要幫助，才能看出自己作品的價值，也需要得到你的允許，暫時只和別人分享一部分的作品。

　　剛開始閱讀或寫作的兒童（也許是因為年齡或是學習障礙），可以選擇讀出或是說一些他們的新發現，或者由老師幫忙讀出來。

　　有些兒童在親自嘗試之前，需要先在一旁觀察一會兒。一旦他們認為情況頗為安全，或是從觀察別人當中學到如何與別人分享，他們會願意參與。

　　所有的兒童在會議中都應該互相尊重，可是兒童的參與程度可能各異。有些兒童會爭取自願的機會，有些則必須由你主動問她：「麗莎，你還沒有機會分享你的觀察結果，今天要不要試試看呢？」

　　如果幾個星期過去了，某個兒童還是不願意發表所得，而這個會議似乎是個安全的所在，兒童的感覺將會得到尊重，那麼此時就要與這個孩子、家長，或是其他老師討論，找出癥結所在。

　　最後，如果我們能夠辨別和欣賞每個孩童獨特的能力，清楚地傳達觀察所得，不將孩童與別人比較，那麼我們就成功地營造了互助合作的精神，並且尊重不同的工作和思考方式。我很驚訝有那麼多小學有定義狹隘的所謂科學「天資優異和有特殊才能」的學生。我與上述五歲和六歲幼童所做的活動裡，我看到天竺鼠經常蹦蹦跳跳，甚至咬東西，可是不論瑞秋什麼時候抱起牠，牠都會靜靜地躺在她的臂彎裡。

我也注意到,布來恩的圖畫令所有人大感驚異,我們很驚訝他的圖畫多麼像實物。還有艾琳,她似乎經常讓我們找出關聯,或是了解該怎樣回答一個問題。她的想法通常與實用之間頗有距離(「呃,如果我們想知道野生的天竺鼠吃什麼,我們得到鄉下牠們生長的地方,找到一些天竺鼠,而且看牠們喜歡吃什麼!」),可是一旦她充滿想像力的建議激起我們思考,別的孩子會很快找出一個可行的方案。在他們身上,我看到了許多不同的優異天資和特殊才能,而它們對我們的研究進展都很重要。

6

科學研究的延伸：
老師是提供情境和材料的人

如果我們放棄以教科書教學，就是放棄了輕輕鬆鬆地取用現有的問題以及現有的答案。在兒童工作時，我們注意他們、支持他們，使他們得以依據自己的想法和計畫而勇往直前。兒童因此得以自由地追尋自己的問題，從各種不同的方向前進，而其結果可能是期待之中和熟悉的，或者可能帶來驚奇。我們面臨的挑戰是，了解該如何看兒童的工作，以及在每個獨特的情況之下，什麼樣的反應對他們有幫助。

明瞭兒童要表達什麼，而且恰當地加以回應，是一門很不容易做好的藝術，可是它也不是全然神祕而無法捉摸的。許多老師都找到方法讓兒童產生興趣，發展出客觀的態度或是堅持的精神，能明白表達

問題，滿意自己的作品，或是克服恐懼。這些老師也許是憑著直覺，依據感覺去做，或者他們是有意識地依照理論而行，分析情況，並且設計出自己的回應方式。不論是哪一種情形，我們都可以從中學到許多，它能幫助我們了解，兒童在觀察我們與別人的互動中得到什麼幫助。我們可以在下一次科學會議進行中，或是看著一個孩子在科學桌上做觀察時運用這個了解。

這一章敘述了許多課堂的實例，我希望可以藉此說明我們與兒童做科學研究時應該掌握的一些原則。當然，你自己的經驗將幫助你學到更多。

幫助兒童回答自己的問題

經常，兒童提出的問題可以藉由自己的觀察和經驗而找到答案。當我們幫助他們運用自身的資源去解決問題時，就是幫助他們學習，因為自發的學習效果最宏大。而在這個過程中，也能幫助他們發展出獨立性和能力，使他們在面臨問題時具有行動力，而不是產生壓迫感或是感到沮喪不安。

把兒童提出的問題丟回給他們，讓他們自己找到答案的機會經常發生。在以下的例子中，五歲的約書亞相當不安地看著天竺鼠，我猜想他猶豫不決著要不要去撫摸牠。

約書亞：牠有牙齒嗎？

老師：你可以看看呀。我可以把牠抱起來讓你清楚地看到牠的嘴。

約書亞：牠有！很長的牙齒！

老師：牠的牙齒是為了吃東西。可是，如果你擔心牠可能用牙齒咬人，而不是拿來吃東西的話，我會抱著牠，讓牠面對我，你就可以摸牠的背了。

小科學家：兒童學習探索周遭的世界

在另一個例子中，七歲的珍妮德對她的蟋蟀充滿好奇。

珍妮德：牠們是如何發出聲音的？

老師：讓我們花幾分鐘的時間觀察你的蟋蟀，也許就能回答這個問題了。

（我們看著蟋蟀，最後，牠又叫了起來。）

珍妮德：我看見了！當牠叫的時候，牠震動翅膀來發出聲音！

在以上的兩個例子中，兒童提出問題，而他們自己的觀察就能幫助他們找到答案。在科學的領域中，並不是所有的問題都能從再看一次中找到解答，可是，那些可以如此做到的問題，應該被還給兒童自己去回答。請注意在前述的例子中，我並沒有嘲笑他們，我保留住他們所提出的問題的資訊，鼓勵他們自己去觀察，並且在一旁支持。

另一次鼓勵兒童自己找到答案的機會發生在一個早晨，當八歲的兒童早上到學校時，發現他們正在孵育的雞蛋中，有一顆已經啄破了一個小洞。他們可以看見一隻小雞的喙正在啄蛋殼。他們看了半小時，可是小雞的進展非常緩慢（圖6-1）。

| 圖 6-1 | 八歲的男孩畫的圖畫 |

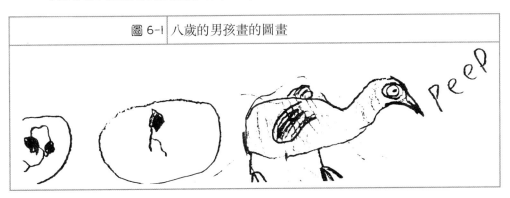

艾仁：牠們要多久時間才會孵出來呢？

老師：看來這隻小雞不會很快就破殼而出，是嗎？你們有沒有方法能發現牠需要多久的時間？

艾仁：呃，我們可以繼續觀察。我們可以寫下來我們注意到牠開

始孵化的時間，以及完成孵化的時間。

卡拉：這樣我們就可以知道花了多少時間。

老師：如果你們必須走開去做別的事情呢？

亞當：我們可以不時回來看看。比方說在每一堂課結束時，或者每十分鐘，或者別的情況。

老師：這個計畫聽起來行得通。

過了幾天，孩童們找到一本有關雞的書：

> 經過了三個星期的孵化，小雞準備要破殼而出了。牠用喙上一種很特殊的牙齒來啄蛋殼的底部，然後是蛋的中間。我們稱這個過程為「破殼而出」（pipping），而整個過程從二十分鐘到十四個小時都有可能。（牛津科學影片，1979, 3）

對兒童來說，這個訊息是個令他們驚喜的發現，因為它確定而且擴展了他們第一手的研究結果。我想，如果在兒童自己親身探索之前，或是在他們提出「要花多久時間才能孵出來？」的問題之前，就提供他們這個訊息，結果將會大大不同。如果它與實際發生的情形之間缺乏連繫，將會無趣許多，而其意義也會減色許多。

老師可以鼓勵兒童運用感官和知覺去蒐集訊息，接著運用蒐集到的訊息。

有一個秋天，我帶著一個班級沿著淺溪而行。孩子們散開去探索，有些人在淺淺的水中發現了一些小生物，有些人找到特別的石頭或是色彩鮮艷的洋菇。荷莉彎腰檢視某個東西。我和一群兒童一起聚集在她的身邊，在她跪著之處有一隻棕色、乾枯、葉柄上帶著孢子的蕨類植物（圖6-2）。

荷莉：那是什麼？

達西：我想它已經死了。

| 圖 6-2 | 八歲女孩畫的敏感蕨類的莖 |

畢克：它是植物嗎？

傑斯：我想我以前看過，可是我不知道它是什麼。

老師：讓我們看看你找到了什麼。

荷莉：這個。

老師：真有趣。你要不要把它帶回學校，以便多看看它，並且發現它是什麼？

荷莉：唔，是的，可是如果它是稀有的植物呢？我知道有些花很稀有，你不應該把它們採下來。

老師：這是一個很好的看法。如果它是稀有的話，我們就不應該把它採下來。現在你有沒有方法能知道這株植物是不是稀有的呢？

荷莉：嗯，我們可以在四周找找看，能不能找到與它相同的。

老師：好的。讓我知道結果是什麼。（兒童們散開去找。他們找到了好幾叢這種奇異的棕色植物，有好幾打之多。）

老師：你們找到了很多嗎？

畢克：三十，也許更多。

達西（笑著）：我想它們不是稀有的，至少不是在這裡！

老師：荷莉，你現在有什麼看法？

荷莉：我可以摘下一或兩株帶回家。

老師：可是，如果你並沒有找到許多的話呢？

荷莉：那麼它可能是稀有的，我們就不應該摘它。

在此處，我的想法是幫助兒童知道他們了解什麼（什麼是稀有的，以及採摘稀有的花朵或植物在道德上的議題），並且運用他們的了解去解決荷莉的問題：她想要摘下一株，可是不知道是否妥當。

如果我換一個方式，可以更快就解決這件事情：「我想這不是稀有的植物。沒問題，你可以把它摘下來。」不為荷莉做決定，而讓這一群孩子找出方法來判斷這棵植物是不是稀有而不能摘的，其好處是下一次兒童們可以運用這個經驗來處理類似的情況。如果解決問題的方法是出自我的知識或允許，那麼它將無法移轉給孩子。（當然，有的時候建立蒐集物品的相關規定，以及與兒童分享你的知識很重要。例如，在保護區裡，你要負責執行「不准摘取」（no picking）的規定，或者你必須阻止一個放縱的小孩想把幼鳥帶回家的企圖。）

進一步的研究

有時候，實驗可以幫助兒童了解令他們感到困惑的事情。這是當一群八歲兒童種植鬱金香時，我用來解決問題的方式。這群八歲的孩子仔細地觀察和畫下他們選擇的球莖，接著把它們種在裝滿土的陶盆裡。然後在寒冷的二月裡，他們把陶盆放在校舍裡一個沒有暖氣的地方足足兩個星期。接著，他們把花盆移進教室，而且為它們澆水。

在幾天溫暖的氣溫和水的滋潤之後，孩子們注意到綠色的小芽冒出來了。他們興奮地宣布：「我們的鬱金香長出來了！」過了幾天之後，更多的綠芽冒出來，它們的數目遠多過孩子們種下的球莖。孩子們看著新冒出的綠芽上長出一對對小小的葉子（圖6-3）。

金爵充滿懷疑地說：「這些芽看起來不太像鬱金香。」

圖 6-3 八歲金爵的鬱金香日誌

A：還沒有被種下的鬱金香球莖

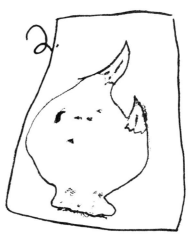

B：野草開始長出來了

There's some kind of groth!

I Think it might be a weed but maybe not!

C：第三片花瓣長出來了

It still has That Groth But its growing a 3rd pedate

Finally my tulip's growing! yea!

圖 6-3 │八歲金爵的鬱金香日誌

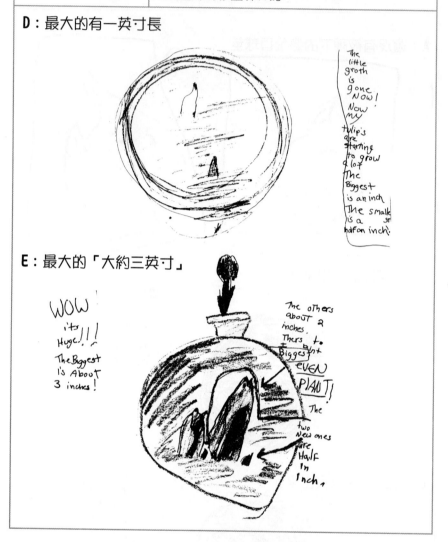

D：最大的有一英寸長

E：最大的「大約三英寸」

納森也說：「它們看起來像野草！」

香琳點頭：「你說得很對！它們看起來的確像野草。」

這些孩子來向我報告他們的發現。

「所以，你們認為在花盆裡生長的一點也不像鬱金香，而是其他

東西囉？」

「是呀，不是嗎？」

「嗯，為什麼你有這樣的想法呢？」

納森解釋：「它們看起來真的很像野草。」

派粹克接著說：「除此之外，它們的數目太多了。在我的盆子裡長出四個芽，可是我只有種下兩個鬱金香的球莖。」

香琳補充：「它們長出來的地方也不對。」

我思考這個訊息：「我了解為什麼你們認為它們是野草而不是鬱金香。你們能不能找到方法來加以確定呢？」

孩子們提出幾個想法：順著小芽挖下去，看看它們是不是從鬱金香的球莖裡長出來的，將小芽與其他野草加以比較，以及其他的主意等等。最後，孩子們決定最簡單的解決辦法是繼續每天觀察它們，並且看看有沒有其他植物長出來。

在第一株細芽迸出將近兩星期之後，孩童們發現了新的、較粗大的芽從土裡萌發出來。他們都同意這些芽看起來比較像鬱金香。

我和他們再一次討論觀察的結果，我提出了一個一開始被一個小孩提出來，可是後來被遺忘了的問題：「為什麼這些野草會從花盆裡長出來呢？是你們種的嗎？」

當然，他們並沒有，他們只有種鬱金香的球莖。可是，他們對這個情形有好幾個不同的解釋。

納森說：「也許從一開始，土壤裡就有這些野草的種子。在我們開始澆水之後，它們就開始生長了。」

金爵說：「或者，這些種子是從別的地方吹進我們的盆子裡的。」

我大可直接說出這兩個想法都是合理的猜測，而讓這件事情就此過去，可是相反的，我繼續追擊。

我問他們：「你要怎麼證明自己的推測正確與否？這兩個想法聽起來都大有可能，你們可不可以找出一個方法來加以確定呢？」

金爵發言：「你得做個實驗。」

我問：「哪一種實驗可能有用呢？」

沒有任何回答。

我繼續說：「嗯，讓我們看看第一個推測。納森認為，從一開始，土壤裡就有野草的種子了。你要怎樣確定土裡有沒有種子呢？」

瑞克建議：「你可以檢查這些土壤，把它們放在顯微鏡下，看看裡面有沒有種子。」

我說：「聽起來像個大工程，可是值得一試。」

納森提出：「或者我們可以翻翻看土壤。也許我們可以發現一些種子。」

派粹克說：「我們可以向別班借個篩子。記得嗎？他們的沙桌裡有一些篩子，我們以前也用過。」

「你們提出了一些做法，去查證是否野草的種子從一開始就在土壤之中。有沒有任何其他的想法呢？」

香琳說：「我有一個辦法！我們可以把一個花盆裝滿土，可是不種任何東西。然後我們開始澆水，看看有沒有東西會長出來。」

以下是兒童們的工作報告。

我們推測用來種鬱金香的土壤裡本來就有種子。我和派粹克找來一個篩子，開始篩這些土。哎呀！你瞧，我們發現在一顆種子上黏了一根小野草。所以我們的推測是對的。（瑞克，八歲）

我們在土裡澆水，以便知道土壤裡有沒有其他東西。因為小小的綠色植物從鬱金香的盆子裡長出來，可是我們並沒有種它們。我們想要知道它們是什麼。結果是：沒有任何東西長出來。我們猜想，原因應該是在我們種的土壤裡沒有任何種子，可是其他部分的土壤裡有。（金爵，八歲；香琳，七歲）

我曾經警告，不要以嘲弄的態度暫時不給兒童答案。如果你知道答案，可是假裝不知道，很容易使兒童感到困惑。我們不需要擔心沒有機會鼓勵他們自己去找到答案。不論我們的知識多麼豐富，在林中漫步和在科學桌上觀察的兒童，都有可能找到一些對我們來說也是疑團的事物。常見的是，他們非常沉迷於自己的問題和困惑之中，甚至沒有尋求我們幫助給他們答案。我不需要擔心是否要告訴荷莉，她發現的莖幹棕色的植物叫「敏感蕨」。因為她的好奇「這是什麼？」，更像是對所發現事物的驚嘆，而不是真的在找到一個名稱。她並沒有直接走向我，問我那棵植物的名字是什麼。即使她這麼做，也很難解開這個謎團，因為這棵乾乾的棕色植物看起來一點也不像蕨類，它看起來甚至不像活的植物。

　　如果我們把兒童的問題奉送給他們自己去找答案，而他們決定「再去多看幾眼」，或是氣喘吁吁地跑回來告訴我們新發現，那麼對他們而言我們頗有幫助。如果他們看起來既困惑又沮喪，或是對我們失去耐心，那麼也許我們必須採取其他的回應。卡洛琳・波瑞特（Carolyn Pratt）老師寫道：

　　　　提供過度幫助的成人不但一點幫助也沒有，反而對兒童是一種阻礙。難道一個觀察入微的成人沒有發現，當他提供最有用的訊息時，孩子臉上的表情茫然，就像一扇緊閉的門一樣嗎？有誰沒有當他回答孩子提出的問題時，孩子卻懶散地走開，讓他感覺顏面盡失的經驗呢？

她又寫道：

　　　　當我們第一次戶外教學時，孩子們提出的問題像溪水一樣源源不絕地湧出。可是當我把問題拋回給他們：「你認為為什

麼渡船的兩端是圓的？」他們安靜了一會兒。而當他們第二次提出問題時，他們很不一樣了。他們提出問題並不是為了得到注意，做為談話的材料，或是為了其他五花八門的理由。他們既誠心又有明確的目的；問題被還原成是孩子自己努力尋找答案的第一步……

由兒童自己找到的答案對他才有意義，在獲得和得到訊息的經驗中皆然。（Pratt, 1948, 44-45）

提供直接的說明或訊息

雖然我經常將兒童的問題轉回給他們，可是有的時候，一個直接的回答會更有幫助。

當七歲的安姬從別班匆匆忙忙地跑進我的教室時，我正在和一群五歲的幼兒做美勞活動。在我幫忙喬登完成他的印畫的時候，她兩腳互相換來換去地站在我的身旁。

我抬起頭來：「安姬，有什麼事嗎？」

剛開始她激動地說：「呃，你知道我們班上怎麼研究青蛙嗎？我們帶回來一隻，而我注意到在牠的頭上有兩個大圓圈，你知不知道這是什麼？」

我重複：「大圓圈，總共有兩個？」安姬用力地點頭。

「我想我知道。你把牠畫下來了嗎？」

她再點頭：「你想看看嗎？」

我回答：「太好了！圖畫能幫助我確定答案。」

她回去一下子就氣喘吁吁地跑回來，我開始研究她的圖畫（圖6-4）。

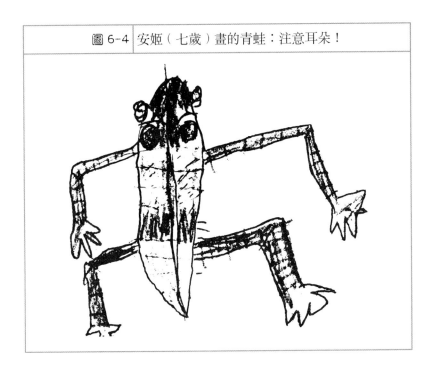

| 圖 6-4 | 安姬（七歲）畫的青蛙：注意耳朵！ |

我指著：「這裡嗎？在牠眼睛後面？」

她點頭表示肯定：「你知道這是什麼嗎？」

「嗯，也許你會覺得怪怪的，可是這兩個圓圈是青蛙的耳朵。」

安姬不可置信地看看我，再看看她的圖畫。

我問她：「牠們看起來不太像你的耳朵，是嗎？」

安姬笑著：「不！」

我解釋：「唔，你的耳朵分成兩個部分，一個部分是外表看得見的，而另一部分在身體裡面，例如耳鼓。可是，青蛙並沒有露在身體表面的這個部分，牠們用你發現的這兩個大圓圈來聽聲音。」

安姬回到她的教室，而她的老師事後告訴我，她花了一下午的時間閱讀與青蛙有關的書，研究書上的圖畫，並且把圖畫畫到她的圖畫紙上。

經常，我們必須給兒童直接的答案，例如我給安姬的回答。有時

候把問題奉送回給兒童比較好,可是在上述的例子中,基於幾個理由,我選擇直接給安姬答案。對我來說,顯而易見的安姬已經觀察得頗為深入了,她已經知道一般人所熟知的青蛙的眼睛、腿、綠色的皮等等,而現在她在辨識一個對她來說很神祕的部分,她想知道那些大圓圈是什麼!她的興趣強烈到驅使她來找我(別班的老師)。如果有方法能提供她經驗,讓她自己去發現那兩個圓圈是什麼,我會樂意提供;然而,我想不出任何方法讓她直接探索找到解答。現在她可以從書裡找到答案,或者是問別人,兩者都是正確的選擇。而安姬的年齡、閱讀能力、急迫性,以及我對青蛙的耳朵也所知不多,這些原因促使我決定提供她直接的答案①。

安姬聽到那是青蛙的耳朵之後,既沒有感覺「已經完成」,也沒有失去興趣,而是花了當天剩下的在校時間,自動自發地做進一步的研究。

尊重兒童提出的問題

如果一個問題對兒童而言很重要,那麼它就是一個值得探索的好問題。身為老師,我們必須時時牢記這一點,因為兒童提出的問題,不見得會是我們提出來給他們的問題。

大約在安姬發現青蛙的耳朵一個星期之後,她又出現在我的教室,她問:「你了解青蛙的舌頭嗎?」這是一個超乎預期的問題,我差一點想要和她開玩笑,很幸運地我沒有這麼做。

---

① 在這個例子中,我確信安姬發現的兩個圓圈是青蛙的耳朵。可是經常發生的情況是,我無法確定兒童提出的問題的答案是什麼。強不知以為知而給與錯誤的訊息於事無益,然而,如果我們自在又直接地承認自己並不知道答案,並且和他們一起尋求解答,將對兒童大有幫助。

我重複：「青蛙的舌頭？」

她宣稱：「我想多了解青蛙的舌頭。你能不能幫我？」

我和她約好，當天稍後在我的休息時間見面（這個議題對她如此重要，使得她願意放棄下課休息時間和我一起做研究）。安姬的班上設置了一個大水族箱做為兩隻青蛙臨時的棲身處，在研究完成之後，牠們將會很快地被放回原來的家，也就是池塘裡。首先，安姬和我把手弄濕，捉出一隻青蛙。當我推開這隻青蛙上「唇」的時候，安姬幫忙牢牢地抓住青蛙。最後青蛙吞了一口口水，把嘴巴打開了，讓我們看到牠的喉嚨和舌頭。安姬看到青蛙舌頭的舌根在前面，粉紅色，而且令她驚訝的是，看起來很肥厚。

她請求我：「可不可以讓每個人都看一下？」

「我現在要把青蛙放回去，讓我們想一個行得通的方法。」在兒童下完課回到教室的時候，我們真的想辦法讓每個人都看了一眼。有幾個人像安姬一樣特別好奇。安姬因為看到書上的圖片裡，青蛙把又長又黏的舌頭射到空中，啪的一聲攫取了蒼蠅，而引起她的好奇心。她無法理解，那麼長的舌頭怎麼能放得進嘴裡。看到真實的青蛙舌頭令她更為困惑，那麼又短又肥厚的舌頭怎麼能射出來而抓到蒼蠅？一群孩子研究了一會兒，試著能不能改變自己舌頭的形狀，而且思考如果舌根在前面的話，情形會怎樣。

當安姬第一次提出問題的時候，我不知道這個問題將有何發展。事實上，一直到我們一同觀看青蛙的舌頭，以及聽到兒童們的討論之後，我才開始了解她提出問題的思考過程，並且開始思索要怎樣運用這個經驗。在教科書或是課程指引上，並沒有建議小學二年級學生的科學課要看青蛙的舌頭，對學校來說，這可能是毫無意義或是好笑的活動。可是安姬想要了解更多知識，她自己想出這個問題，因此她的問題和努力應該得到認真的看待。

開始探索

　　七歲和八歲兒童的班級每天觀察蟋蟀，他們描述蟋蟀，畫蟋蟀，並且筆記牠們的行為，有一個下午他們集合起來分享心得。他們一面報告，我一面把他們報告的事項寫在圖表紙上。

　　班：我注意到我的蟋蟀的腿上有細細的毛。

　　金：我的蟋蟀也一樣。我想牠們都有。

　　伯尼：牠們的翅膀上有圖案。

　　凱任：有些蟋蟀會吱吱叫，可是並不是所有的蟋蟀都會叫。

　　馬替：牠們有長長的觸鬚，看起來好像是從眼睛裡長出來的。

　　貝絲：我注意到我的蟋蟀有兩個眼睛。

　　傑夫：有些蟋蟀在背後有兩根小尾巴，而有些在這兩根小尾巴中間還有一根大尾巴。

　　賈姬：我的蟋蟀有四個眼睛。

　　老師：稍等一下。貝絲說她的蟋蟀有兩個眼睛，而賈姬發現她的蟋蟀有四個眼睛！有沒有別的同學注意到蟋蟀的眼睛呢？

　　尼克：我的蟋蟀有兩個眼睛。

　　莫如：我的也是！

　　莉妮：我想，我的蟋蟀有四個眼睛。

　　傑夫：我的蟋蟀絕對只有兩個眼睛。

　　葛力格：我認為牠們有許多許多眼睛，牠們的眼睛很特別。

　　老師：複眼？

　　葛力格：是呀。

　　老師：克蘿蒂亞，你看起來很迷惑的樣子。

　　克蘿蒂亞：可是，你要怎樣找到眼睛呢？我根本沒有看見任何眼

睛！

道格拉斯：眼睛長在頭上呀，一邊一個，就在觸鬚旁邊。

克蘿蒂亞：可是，你怎麼能確定這些就是眼睛呢？你不能因為我們的眼睛長在頭上，就認為蟋蟀也是一樣！

老師：在過去的幾天裡，你們注意到許多有關蟋蟀的細節。看起來，似乎大家對蟋蟀的眼睛有一些爭議，有些人認為蟋蟀有兩個眼睛，有些人認為蟋蟀有四個眼睛，而葛力格認為可能有許多許多眼睛，也就是說蟋蟀可能有一種很特殊的眼睛，我們稱為「複眼」。克蘿蒂亞懷疑，我們看到的是否真的是蟋蟀的眼睛。我們要怎樣找出答案呢？

金：我們可以更接近地觀察牠。

老師：更近地觀察也許有用。你要怎樣更近地觀察呢？

馬替：唔，我們可以試試看用顯微鏡或是放大鏡。

老師：好主意。明天我們可以嘗試更近地觀察牠。可是，我們要怎樣確定我們認為是眼睛的器官真的是眼睛呢？

凱西：我們可以查看書。

老師：你們認為哪一種書能夠提供相關的訊息？

凱西：嗯，凱薩帶來的那一本談昆蟲的書，或者是科學桌上的其他書。

老師：好的，我們明天也可以用到這個好主意。你們可以查閱書本，看看我們的書裡有沒有談到蟋蟀的眼睛。截至目前為止，你們已經告訴我，找到蟋蟀眼睛訊息的一個方法，是再觀察一次，以及更近地觀察牠們。另一個方法是查閱書本。有沒有其他方法可以幫助我們呢？

瑞奇：我們可以問懂得蟋蟀的人！

老師：這是另一個好辦法。科學家經常與別人討論以獲得資訊。有誰可能懂得蟋蟀呢？

凱任：你呀！

老師：是的，我對蟋蟀很有興趣！而且我和你們一起觀察蟋蟀，所以我對牠們有一定程度的了解，可是我也不確定眼睛的情況到底是什麼。一開始我以為牠們有兩個眼睛，可是接著你們有許多人指給我看一些小點點，它們可能是更多的眼睛；而且就像葛力格一樣，我也曾經聽過這種特別的複眼。可是，克蘿蒂亞的問題也令我產生懷疑！所以我們得找到一個能幫助我們的人。我們還能找誰呢？

席恩：也許在大學裡的某個科學家能幫忙我們。

安迪：不是有些科學家專門研究昆蟲嗎？

老師：是的，有啊。事實上，他們有個特別的名稱，專門研究昆蟲的科學家被稱為「昆蟲學家」。這個字是這樣的〔我在圖表紙上寫下「昆蟲學家」（entomologist）〕。你們可以試著讀讀看……（孩子們練習說「昆蟲學家」。）

老師：所以，我們要怎樣找到昆蟲學家呢？

席恩：我家的鄰居在大學裡工作。我可以問他認不認識一個「昆蒼」（entimi…）……研究昆蟲的科學家。

老師：太好了！有沒有其他主意呢？

黛比：我們可以打電話到大學，問問看可以和誰談一談。

老師：所以，明天我們有三個不同的方法，可以幫助我們找到更多有關蟋蟀眼睛的訊息。蘇珊，是哪些方法呢？

蘇珊：我們可以再觀察或是更近地觀察牠，或是打電話給某人……

老師：是的，最後的方法呢？

尼克：我們可以查閱書籍。

延伸擴展兒童的初步觀察很重要（圖6-5），它是科學教育的一部分，它能幫助兒童發展他們的興趣和能力，而且其中樂趣無窮。在這次的集會中，我嘗試讓孩子了解有一個謎團需要解決。他們對蟋蟀有多少眼睛的答案各不相同，而我引起他們對牠的注意。接著克蘿蒂亞指出了另外一個問題，我們提出的假定並非只靠觀察就能解決。延伸

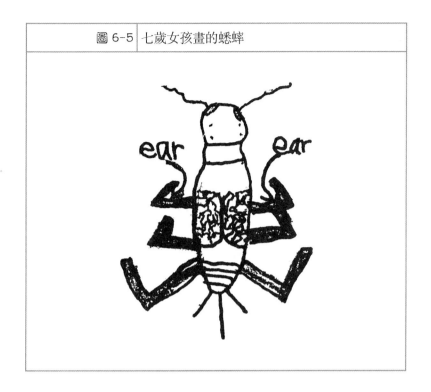

圖 6-5 | 七歲女孩畫的蟋蟀

兒童學習的第一步,是指出一個矛盾之處或是幫助兒童形成一個問題。
接著,我們必須幫助兒童找到解決問題的方法。到哪裡找到資訊?哪
些人或哪一種書籍能提供幫助?要怎樣更接近地觀察呢?當然,在兒
童探索每個可能的時候,老師要陪在一旁。兒童也許需要你教他們怎
樣查閱電話簿,怎樣處理在打電話時,對方要你等候的狀況,以及如
何向對方清楚地敘述問題。他們也需要幫助,學習在使用顯微鏡時要
如何對焦、如何使用目錄,或是跳著讀某一章,尋找對他們有用的資
訊。

圖 6-6 | 八歲男孩畫的老鷹

將一項大工程分解成幾個可行的步驟

　　某個春天的早晨，七歲和八歲兒童的班級在沼澤地觀察鳥類。在返回學校的途中，一位駕駛要求車隊靠路邊停下來。有一隻巨大的鳥在離路邊不遠處的樹上棲息著（圖6-6）。我們都停下來看牠，看了幾分鐘。

　　我的車上的一個孩子想知道：「這是什麼鳥？」

　　「好大呀！」

一個孩子說：「我認為牠是一隻老鷹。」

我建議他們：「再仔細看清楚一點。如果我們能記住牠長的樣子，那麼也許我們可以找出來牠是哪一種鳥。」然後，我們看著這隻鳥飛到空中消失不見。

回到學校時，孩子們衝進教室，他們興奮地交談著，而話題都圍繞著這隻大鳥打轉。

「這隻鳥真是巨大！」

「這是我看過最大的鳥！」

「你看到牠飛嗎？」

「牠必定是一隻老鷹。我知道牠一定是。」

我們經常使用戶外圖鑑來幫我們研究鳥類，有幾個孩子急急跑到書架前去翻閱書本。他們很容易就找到老鷹的部分，然而當他們開始比較圖片之後，他們看起來一副疑惑的樣子，因為不同種的老鷹看起來非常相像！我把大家叫到地毯會議區，讓三、四個小孩共用一本戶外圖鑑。我把圖表架拉過來，並且打開了馬克筆的筆蓋。

老師：首先告訴我，當你看著那隻鳥時，你注意到什麼。（在孩子說話時，我把它們寫下來。）

史提芬：它很大！

傑尼斯：牠的背和翅膀是棕色的。

馬瑞安：牠的胸前有一些點。

瑞奇：胸部偏白色。

史考特：在牠的胸前有一個看起來好像 X 的標記！

喬治：當牠飛翔的時候，我看到牠的翅膀很大。

凱絲：翅膀也很寬！

艾瑞克：牠看起來很像在滑翔。

奧黛莉：牠尾巴的頂端是橘色的。

傑爾：牠的尾巴看起來像扇子。

東尼：而且很大！

老師：你們記得這隻鳥的許多特徵！而且有些人可能已經知道這是什麼鳥了。

幾個孩子：一隻老鷹！

老師：一隻老鷹，這麼說有什麼根據嗎？

史提芬：牠好大。

艾瑞克：牠會滑翔。

麥格：我曾經看過其他老鷹，而牠看起來很像我看過的其中一種。

老師：所以牠會滑翔，還有體積很大，以及牠的外表使你們猜測牠是一隻老鷹。老鷹的種類有很多種，如果我們從頭開始在戶外圖鑑上，一個一個地對照老鷹的圖片，可能要花很長的時間，才能找到與我們看到的老鷹最相似的，而且你們可能會被搞胡塗。其實老鷹總共有六大類，如果我們能夠先找到這隻老鷹屬於哪一大類，那麼要知道牠的名稱可能會容易許多。圖鑑裡告訴我們這些不同的類別，分別是鳶、鵟鷹、北美兀鷹、鷹、鵰和獵鷹。（孩子們找到敘述這六大類老鷹的部分，並且試著唸牠們的名字。）我現在要唸老鷹族群裡鳶的部分。「優雅的獵食者，分布在南部地區⋯⋯」

李：不可能是這個！

老師：為什麼？

李：噢，我們在鹿野（Deerfield）看到這隻老鷹，那並不是南部地區！

老師：好的，那麼我們可以排除鳶這一類。現在讓我們試試看下一個，也就是鵟鷹。「長尾巴棲息在森林地帶的老鷹，有短而圓的翅膀。」

（兒童們研究戶外圖鑑上素描的鵟鷹。）

凱絲：這個尾巴看起來似乎太長了。

喬依：記得嗎，我們的老鷹尾巴肥肥的？

傑爾：看起來像扇子。

老師：所以，你們並不確定我們的老鷹是不是鷲鷹。嗯，下一類是北美兀鷹。「大而厚重的老鷹，有寬廣的翅膀和又寬又圓的尾巴……」

（有些人點頭，竊竊私語；也有人說：「聽起來很像我們看到的老鷹！」我很快地讀其餘的描述，可是，所有孩子都同意我們看到的老鷹，吻合圖鑑裡描述的北美兀鷹。）

老師：現在我們可以開始從北美兀鷹這一類裡去找。你們在北美兀鷹這個部分，有沒有看到任何圖片像我們看到的老鷹呢？

馬瑞安：這一隻。（她指著一隻紅肩老鷹的圖片。）

老師：一隻紅肩的老鷹。讓我們比較圖鑑裡的敘述，與你們在表上列出的特點。圖鑑裡說，在年幼的紅肩鷹淺色的胸前有深色的條紋。我們看到的鳥有這個特徵嗎？

兒童們：是的。

老師：而且牠們有深色的條紋貫穿尾巴。我們的鳥有嗎？

湯姆：不，我們的鳥的尾巴是橘色的。

（我們比對其他看起來像我們的鳥的老鷹。我們排除了紅褐鷹，因為牠的活動範圍不在我們居住的麻薩諸塞州；也排除了大翅鷹的可能性，因為牠的尾巴上有條紋，而我們的老鷹並沒有。接下來，我們試試看是不是紅尾鷹。）

老師：紅尾鷹的特色是有「赤褐色的尾巴」，也就是紅棕色或橘色的尾巴。

查理：我們的老鷹的尾巴就是橘色的！

老師：至於「很大」呢？

東尼：當然了！

老師：淡色的胸部，以及有條紋橫貫腹部？

奧黛莉：是的。

史考特：X 的標記。

老師：看起來似乎圖鑑上的描述都吻合了，現在讓我們看看牠的活動範圍。在圖鑑上的地圖顯示，紅尾鷹整年都在麻薩諸塞州活動。

兒童們：那就是牠了！

老師：有多少人認為我們看到的鳥就是紅尾鷹？

（每一隻手都舉起來了，包括我的。接著我們開始吃午餐。）

在我們找到老鷹的名字的過程中，有一部分是兒童學習找出他們看到並且感到好奇的一隻鳥的名字。可是實際發生的遠超過於此，我以問題和說明來設定步驟，而孩子們經過這套步驟去運用觀察力，而學習辨識。

第一步是表列出所有我們記得有關這隻鳥的細節。接著，我們比較表上所列的與圖鑑上對老鷹幾個大類的敘述，排除與觀察不合的幾個大類，把範圍縮小到最後一個最有可能的。減低可能性是辨識時的一個重要部分，而我幫助孩子了解，也許他們無法每次都能確實地辨識，可是如果每次他們都能縮小範圍，那麼他們就算完成了一部分。在最後一步中，我們比較每一種老鷹的描述與圖表紙上的觀察結果。

在這個特殊的情況下，由我負責決定採取何種步驟，並且提出問題以指引兒童。過了一段時間之後，兒童們將學會問自己這些問題，而且日後當他們面對辨識的問題時，他們學到的步驟將會對他們大有助益。

幫助兒童找到重心

有時候兒童對某個主題很有興趣，並且渴望著手去做，可是，在試著建立明確的研究目標時，卻慌亂不前。也許是因為他們的主題太過廣泛，或是經驗有限，以致無法找到供他們探索的問題；或者是主

題本身發展得太抽象或是複雜，超出了他們的能力範圍，使他們無法找到具體的方式繼續研究。這種情形正好發生在兩個九歲的男孩傑森和布來德身上。

有一天早上，布來德和傑森來到學校時，對他們前一天下午做的實驗仍然感到興奮不已。昨天他們在遊戲課時，把醋和小蘇打混在一起，現在他們想再做一次這個實驗，讓全班同學看看混合的液體嘶嘶作響的情形。在找容器的時候，他們發現了幾根有塞子的塑膠試管，他們立刻衝到我的面前。

布來德：看看我們找到什麼！我們可以把醋和小蘇打放在試管裡嗎？

老師：你們認為會發生什麼情況呢？

布來德：呃，醋和小蘇打會開始發泡而嘶嘶響……

傑森（臉上浮現調皮的微笑）：塞子會被衝開！

老師：你們正想看到這個情形發生！唔，讓我們看看能不能找到一個安全的方法來做這個實驗。②

他們找到兩個解決的方法。第一是把試管裝滿液體，塞好塞子之後，把它放在洗手枱裡，如此則任何的「爆炸」都不會波及旁處。第二是像握著香檳酒瓶一樣地握著試管，如此瓶塞只會直直地飛往懸掛在天花板上的小櫥子（而不是衝向燈、窗戶或是臉上）。他們的實驗如預期般地進行，他們感到很高興，而且為班上其他同學示範了這個實驗。

在接下來的一個星期當中，布來德和傑森重複做了許多次實驗（大部分是利用下課時間在遊戲場做的）。然而過了幾天之後，我看得出他們漸漸有點意興闌珊了，於是我和他們聚在一起討論。

老師：你們發現當醋和小蘇打混在一起時，溶液會起泡並且嘶嘶

---

②事後回想，最好等到我們買了安全玻璃後再做實驗。

地響，而且你們也讓全班看了這個混合液會把瓶塞衝開。接下來你們想嘗試什麼？

布來德：呃，我們不太清楚。

老師：你們想繼續這個實驗嗎，或者你們想轉換做不同的實驗？

傑森：我們喜歡這個實驗！只是不確定下一步該怎麼做罷了。

老師：這裡有幾個建議，你們可以想一下，然後讓我知道你們想不想試試其中一種。你們可以找看看有沒有其他化學物質會像醋和小蘇打一樣起化學變化。當然，我們要找到一個安全的方法來做實驗。當你把化學物質混合在一起，有些只會產生氣泡，可是有些可能會相當危險！

布來德：我們已經知道有另外兩種東西也會發泡，就是發泡粉和醋。

老師：原來你們已經開始實驗了。

傑森：鹼和蘇打水也會。我們是從這裡開始的。

布來德：是不是因為有酸和鹼，或者含有什麼其他物質呢？

老師：酸和鹼是化學物質中很重要的兩大類。另一項你們能做的實驗是去了解酸和鹼：它們是什麼，以及它們能做什麼。而另一項可行的事是，試試看你能運用已知的化學反應來做什麼。我曾經看過一個很特別的機器，它是一具水車。它的原理是蘇打水和醋產生的氣泡，把容器裡一部分的水推出來，讓水潑灑在水車上，使水車開始轉動。也許你們可以發明一個以醋和蘇打水做為動力的機器，或是一部可以移動的車輛。

第二天，當他們來找我的時候胸有成竹。

傑森：我們要做一個火箭。

老師：太好了！你們已經有計畫了嗎？

傑森：嗯，有一點。我們會用一根試管，可是還不清楚其餘的部分。

老師：到架子上找找看，能不能發現什麼東西。等你們比較清楚

圖 6-7 傑森以蘇打和醋為動力的火箭

Rocket →

baking soda →

vinegar →

要怎麼做之後，畫一張素描來給我看看。

　　布來德：所謂計畫指的是什麼？

　　老師：記得上次我們做鳥的餵食器嗎？你們構想了一張完成圖，並且列出材料和步驟。你們構想中的火箭和實際完成的作品之間可能會有差距，可是我想要看看你們的計畫（圖6-7）。

　　經過幾天以塑膠試管、保麗龍盤子、膠帶和彩色筆蓋等製作火箭之後，男孩們終於準備試驗他們的作品了。

　　我從窗戶往外看出去，剛開始幾次失敗了，布來德和傑森喃喃抱怨，並且把手上沾到的醋甩掉。然後他們成功地發射火箭，在火箭掉

到地面之前，它升起了足足有一尺到兩尺高。

他們興奮不已地回到教室，並且滿腦子都是怎麼改良火箭的主意。

傑森：小蘇打和醋混合得太快了，甚至在我蓋上塞子之前，它們就開始起泡了，所以火箭沒辦法升得很高。

布來德：我們要把它們分開。

大約過了一個星期左右，火箭被重建了好幾次。有一個孩子加入他們的行列，而第二代火箭可上升大約四到六尺高。他們又來找我了：

「這一回我們要試試看汽車！」

我觀察他們好幾天，發現他們的這個主意似乎進行得不太順利，於是把他們找來。

傑森：我們並不是真的想做汽車實驗。其實它很像火箭，只是它橫著跑不像火箭是往上升罷了。

老師：想不想做另一種實驗呢？

布來德：耶，像酸和鹼的實驗。

老師：你們對酸和鹼了解多少？

不出所料，他們對酸和鹼的了解既不正確又模糊，可是他們的興趣濃厚，所以他們興致勃勃地開始了一個新的計畫（試驗酸和鹼）。

即使兒童興趣太過廣泛或是走錯了方向，或是主題太過複雜，如果旁人能幫助他們縮小範圍，並且以具體的例子指引適當的起點，那麼，他們還是有可能探索興趣所在的某些層面。

處理問題和道德方面的議題

有一年，班上七歲和八歲的兒童在研究鳥類。在開始這個主題的幾天之後，他們帶各式各樣的物品到學校。有幾個孩子帶來書本，書上有世界各地鳥類的美麗圖片，有些則帶來圖鑑，其他有錄音帶、羽

毛──當然了，還有鳥巢。我很快就開始關心鳥巢的問題，它們令人著迷，加以比較也樂趣無窮；然而，我擔心兒童的熱情可能促使他們無心地把還在使用之中的鳥巢摘來。我也認為，不論是從環境或班級需求的觀點來看，我們班上在蒐集任何一種物品的時候，都應該要有計畫。不只是我，有幾個孩子也感到困擾。我側面聽到他們談論「應該」和「不應該」蒐集鳥巢的爭辯。

　　我決定在集會時提出這個議題。一開始我說：「在這個星期當中，許多人都觀察了同學帶來放在科學桌上各式各樣的鳥巢。你們因此而知道它們的材料是什麼，以及可能是什麼鳥建了哪一種鳥巢。有沒有同學知道鳥巢是用來做什麼的？」有許多人舉手。

　　老師：大衛？

　　大衛：鳥巢就像牠們的房子一樣。

　　羅克森：就像人有房子，鳥也有鳥巢。

　　（許多孩子點頭同意。）

　　老師：所以，你們大都認為鳥巢是牠的房子嗎？

　　（更多兒童點頭。）

　　老師：嗯，如果是這樣的話，鳥用鳥巢來做什麼呢？

　　卡柔：在裡面睡覺。

　　吉恩：保暖。

　　（他們一面說，我一面寫下來。）

　　瑪莉亞：那麼，我們就不應該取走這些鳥巢！因為冬天快到了，而鳥兒需要鳥巢來保暖。

　　馬修：可是鳥兒現在正在南方！我想，牠們在冬天並不會用牠們的鳥巢，牠們只在春天才用它來孵蛋和養小鳥。

　　孩子們針對這點展開熱烈的討論。如果鳥兒以鳥巢在冬天保暖，那麼孩子們同意我們不應該取走它。

　　我在另一張新圖表紙的頂端寫下：「鳥兒用鳥巢來做：」，而在

下方寫了孩子們各式各樣的想法。

老師：這些是我們的假設。為了幫助我們決定該如何處理蒐集鳥巢的議題，我們應該怎麼做呢？

巴勃：找出來哪一個是真的。

老師：要怎麼找出來哪一個是真的呢？

孩子們提出了許多想法，而我們決定在做研究的同時，暫時停止不要蒐集鳥巢。

下一次會議在為期一個星期的研究之後召開。在這個星期之中，想要多了解這個議題的孩子們讀書、打電話，和家長以及鄰居討論，並且回憶他們自己所做的觀察。

老師：昨天馬修告訴我，你們有些人已經找到許多有關⋯⋯

馬修（打斷）：是的！有關鳥巢的資訊。

老師：——因為有些人外出參加戶外教學，所以，首先讓我們確定每個人都了解最新的進展。第一步我要回顧我們的看法，或是稱之為假設。哪個人可以試試看把圖表紙上的第一列讀出來。為什麼我寫 hypotheses 而不是寫 hypothesis 呢？

吉恩：噢！因為我們有一個以上的假設。

老師：是的，我們有好幾個假設，在這種情形下，這是正確的寫法。

馬修（從圖表紙上讀）：鳥類在冬天待在鳥巢裡以保持溫暖。

老師：好的。這是第一個假定。第二個，傑米。

傑米：鳥類只用鳥巢來下蛋和養育牠們的幼鳥。

老師：第三，布雷登。

布雷登：不同的鳥有不同的行為。

老師：第四，安。

安：有些鳥在冬天會離開牠們的巢，可是春天會再回到原來的巢裡。

瑪莉亞：有些鳥真的這樣，因為我家裡就有一隻鳥是這樣的！

老師：是嗎？嗯，這是四個假設。今天下午我去池塘觀察鴨子，而你們許多人留在學校閱讀書籍或是打電話，互相幫助以找到更多有關鳥兒怎樣使用鳥巢的訊息。針對第一個假定，有沒有人有任何發現，也就是鳥兒留在鳥巢裡過冬與保暖？胡依，你有什麼看法？

胡依：呃，我並沒有找到什麼資料，可是我打了電話，而他說他不知道。你知道的，戴維斯博士。

老師：嗯。你打電話問戴維斯博士什麼問題呢？

胡依：鳥兒留在鳥巢裡過冬，並且靠鳥巢保暖嗎？

老師：所以，戴維斯博士並不知道鳥兒是否留在鳥巢裡保暖囉。

馬修：我們有幾個人打過電話。

老師：你們問不同的問題嗎？

孩子們：是的。

老師：強尼，你問什麼問題呢？

強尼：唔，我說：「鳥兒一開始會用築好的鳥巢，接下來幾年是不是也會繼續使用呢？」他的回答是，有些鳥類會而有些不會。

老師：所以，你和戴維斯博士討論鳥兒是不是就像大衛所提的，會在冬天離巢而去，也許會遷移，可是會不會回到舊窩裡？

強尼（點頭）：有些會而有些不會。

老師：他有沒有告訴你，有什麼方法可以知道哪一種會而哪一種不會？我想，我們可以在書裡找到訊息。瑪莉亞？

瑪莉亞：我問他，鳥兒通常是不是在冬天交配，他回答不是的，一般來說，鳥兒在春天交配而在夏天孵蛋。

老師：所以他說通常鳥類在春天交配，而在夏天孵蛋。所以，牠們在夏天養育牠們的幼鳥了？

瑪莉亞：是的。

老師：有沒有人要報告什麼研究或是電話？

丹尼爾：沒有，可是我想提出來，如果鳥兒離開鳥巢，牠們是一直

站著或是飛呢？

（他說話的音調傳遞的信息是，他覺得這是一個可笑的想法。）

老師：你指冬天嗎？

丹尼爾：是的。

老師：嗯，這是吉恩和胡依一開始就提出的問題。他們問：「牠們怎麼過冬呢？整個冬天都站在枝頭嗎？這真是可笑！」可是在多加思考之後，他們認為也許事實就是如此，所以這也是我們要研究的項目之一。

亞伯：瑪莉亞說，牠們在春天交配，而在快到夏天時，幼鳥會孵化出來。然後在小鳥慢慢長大後，牠們必須築一個新的鳥巢做為家。所以也許小鳥會築新巢。

強尼：耶，在幾個月之後，鳥父母會把小鳥留在池塘或是其他什麼地方。我知道這個情形，因為在我們的池塘，在我們把水排掉之前，有一些野鴨子來，我們看到了一些鴨父母以及牠們的小鴨子，然後牠們離開了，把小鴨子留在那裡，牠們有好幾天都沒有回來。

老師：強尼，暫時保留這個對雛鴨的觀察，也許這會是我們下一個問題的一部分。凱特，如果小鳥留下來，會發生什麼情況呢？

凱特：我問他，一旦小鳥離開了，牠們會再看到自己的父母嗎？他說，這得看是哪一種鳥。而我問他，如果牠們再看到自己的父母，牠們還認得出來嗎？

老師：嗯，他說⋯⋯

凱特：他告訴我，他們不知道。如果牠們再看到自己的父母，完全得看牠們是哪一種鳥，才能決定是不是認得出來。我懷疑牠們做得到嗎？

俊恩：所以，有些鳥可能會看到自己的父母，可是認不出來？真奇怪！

老師：很難想像，哈？所以，牠們可能再看到彼此，可是已經認

不出來了。

俊恩：想像一下，只能看到你的父母三個月或者一段短時間。

老師：三個月，然後……

俊恩：然後你可能會再看到牠們，可是已經認不出來了！

（孩子們笑了。）

老師：跟我們很不一樣，哈？

亞伯：嗨，媽。

布雷登：就像你心裡可能會想：「我的父母在哪裡？」而他們就在你的旁邊。

老師：嗯，這是一個有趣的想法，甚至鳥類的思考方式可能跟我們人類是不一樣的。有些人可能想要研究這個問題。還有沒有人要報告研究結果呢？

瑪莉亞：並不是真的什麼研究報告，只是我正在想辦法了解鳥類的行為跟人類的有什麼不同。

老師：和人類比較，這是很好的研究題目。

蓋瑞：已經有太多問題了！

老師：我們的確有許多問題，而這些都來自於我們昨天的研究結果。似乎瑪莉亞和胡依正在思考的東西，將會成為他們的下一個問題，這是開始研究之後經常發生的情況，也就是你找到問題的一部分答案，而它卻帶出了另一個問題！瑪莉亞說，凱特告訴她鳥兒也許認不出自己的父母，使她開始好奇鳥類和人類還有什麼地方不同。

所以，我會把所有問題條列出來，如果你有問題，你可以把它寫下來。有些問題我們會全班一起研究，而有些問題則由個人或是小組來研究。

亞伯：就是把它們寫下來嗎？

老師：是的。為什麼我們昨天這麼有興趣呢？

蘇資：我們剛剛知道要怎麼處理鳥巢的問題呀。

老師：是的。現在我們要做決定了，我們的決定是什麼呢？

亞伯：是不是能夠取走鳥巢。

老師：我們班必須決定可以繼續蒐集鳥巢或是不能繼續做。奧杜邦協會（Audubon Society）的決定是什麼呢？馬修，你打電話給他們的時候，他們怎麼說？

蘇資：他們說，只要你沒有看到鳥，就可以取走鳥巢了。

老師：是的。

瑪莉亞：可是，可能會有很奇怪的情形，因為如果鳥父母正好離開去覓食，情況可能非常複雜！

老師：這真的是很複雜的情況！首先，你們必須決定班上要不要採用奧杜邦協會的規則，或者我們要依據自己的知識來訂定不一樣的規則。剛剛提到的一個情況是，如果蓋勃觀察鳥巢而沒有看到任何鳥，理論上來說，他可以把鳥巢拿走；可是如果鳥父母正在鄰近覓食，對鳥來說，這樣的情況可能很糟糕。戴維斯博士說，他不知道是否有任何鳥在冬天使用牠們的鳥巢，這是什麼意思呢？

大衛：我們得做更多的研究。

老師：在沒有足夠的訊息之前，我們要繼續蒐集鳥巢嗎？

兒童們：不！不！

丹尼爾：因為有些鳥可能冬天要用鳥巢，如果牠們回來的話，可能找不到鳥巢了。

老師：接著也是大衛提出的議題，有些會，而有些不會。你打電話給戴維斯博士問他這個問題，而他說……

大衛：就是有些會而有些不會。

老師：克里思，你有什麼看法呢？

克里思：有些鳥可能要再使用牠們的鳥巢，可是如果被人拿走，牠們就沒辦法再用它了。

老師：好的，我就要針對我們蒐集鳥巢這件事訂下規定了。規定

是什麼呢？我們馬上就會有一個，你們就會知道它是什麼了。

巴勃：我想它是……我不確定。

老師：有些店有支票兌現的規定，或是退貨的規定。

巴勃：噢耶，就是你哪些可以做，哪些不可以做。

老師：是的，它是一些規定，像如何以支票兌現現金，或是退還某些物品。也許在你把牛仔褲放進洗衣機和烘乾機而使它縮水之前，你都可以退還它，這就是一種規定。

蘇資：或者只要它還在原包裝裡，都可以退還。

老師：我們現在訂的是現階段蒐集鳥巢的規定，在我們有更多資訊時，我們可能會做一些修正。現在我需要你們給我一些建議，羅克森，你有任何建議嗎？

羅克森：在確定鳥兒不會再回來使用鳥巢的情形下，才能取走鳥巢。

老師：要怎樣才能確定鳥兒不會回來了呢？

羅克森：你可以觀察。如果在春天也沒有鳥兒來，那麼你就可以拿走鳥巢了。

強尼：巴爾的摩金鶯（Baltimore orioles）不會再回到牠們原來的鳥巢。

老師：好的。聽起來似乎有兩個方法。羅克森建議的方法是什麼？

喬迪：觀察它。

老師：是的。如果你整個冬天都在觀察它，而在春天鳥兒沒有回來，那麼很可能沒有鳥兒會使用它了。強尼的建議是什麼？

強尼：巴爾的摩金鶯從不使用相同的鳥巢，所以如果你在秋天發現一個牠們的鳥巢，你就知道可以取走它了。

老師：好的。還要加進什麼規定嗎？

亞伯：並不是真的要加進什麼，可是記得嗎，瑪莉蓮說，她的哥哥摘下了一個鳥巢，可是後來鳥兒回來了，而牠們築了另一個鳥巢。

瑪莉蓮：是的。

老師：所以這種情形也有可能會發生。你們覺得這意謂什麼？

亞伯：可能所有的鳥類都會這樣，也有可能因鳥而異。

老師：所以，除非確定鳥兒不再使用鳥巢了，否則我們就不應該取走鳥巢，你們同意嗎？

亞伯：是的，可是如果我們能找出那是哪一種鳥，我們可以查書。

瑪莉亞：即使牠們會築另一個巢，我仍然不認為拿走鳥巢是公平的。

老師：為什麼呢，瑪莉亞？

瑪莉亞：因為也許牠們比較喜歡舊巢啊！

喬納斯：不！不！

老師：來斯里？

來斯里：嗯，如果你取走了牠們的舊巢，牠們可能另築一個新巢，可是可能還會尋找牠們的舊巢。

老師：所以，你們的規定要不要訂成：「在取走鳥巢之前，必須確定鳥兒不會再使用這個鳥巢了。」

兒童們：好的。

老師：你們剛剛聽到了兩個很好的方法。如果你看到一個鳥巢，你真的很喜歡它，可是無法確定鳥兒會不會回來，那麼有沒有任何替代的方法？有沒有方法能蒐集訊息，可是不需把它帶回教室裡？

蘇資：我們可以利用戶外教學的機會去看一看。

老師：好的。你可以請全班同學一起做個戶外教學。

巴勃：你可以觀察它。

羅克森：你可以照相。

蓋瑞：你可以與別人分享。

俊恩：和別人討論。

瑪莉蓮：你可以看書，找到相同的鳥巢後，給全班同學看這個圖片（圖 6-8）。

圖 6-8	蒐集鳥巢的規定

收集鳥巢的規定

在蒐集鳥巢之前，必須確定鳥兒不再使用這個鳥巢了。以下的方法能幫助你研究鳥巢，而不需要把它們取走：

安排戶外教學

觀察

照相

在班上集會時與同學分享心得

做研究

有一個很重要可是經常被忽略的議題是價值判斷和道德原則，我們有很多面對這個議題的機會。孵蛋器的說明告訴我們，如果每隔幾天打開一個蛋，我們將能親眼目睹小雞胚胎戲劇性的成長情形。然而，這個觀察過程也會殺害小雞的胚胎。我們要怎麼做呢？還有，在小雞孵出來以後，小孩們將會愛不釋手。對雛雞來說，牠們能承受多少的擁抱愛撫？有一隻蠑螈在某個早春被帶來學校。孩子們對這隻罕見的動物頗為著迷，他們想要把牠留在學校以便觀察。可是對牠來說，這段時間正好是牠短暫的繁殖期，我們該怎麼做呢？

我希望幫助孩子了解他們與周遭環境之間的關聯，我希望他們明瞭自己的影響力，並且能做出符合價值標準的決定。相同的，我也需要考量自己在做決定時的價值標準，而且，有時候依據這些價值判斷來訂定教室裡的規則。例如，我決定凡是學過該怎樣抱班級寵物的小孩，可以把寵物從籠子裡取出來，並且在教室的許多區域活動，可是不能到閣樓或是積木區。孩子們可能對這個規定頗多非難：「可是在家裡，我們替天竺鼠蓋迷宮，天竺鼠在裡面跑來跑去，而積木從來沒有倒下來過。」或是：「我要把卻克帶到閣樓，在那兒的感覺很好，我要在那裡讀故事給牠聽。」不管讓孩子有第一手經驗是多麼的價值

非凡，我並不打算允許這些狀況發生。如果積木倒下來，或是在爬到閣樓的途中，寵物從樓梯上掉下來，對孩子和寵物雙方來說，後果都很嚴重，而我並不想冒這個險。不論什麼時候，如果有「底線」的話，我都很清楚地讓孩子知道，並且讓孩子了解我的想法。兒童能夠持不同的意見，可是身為老師，我是做最後決定的人。幸運的是，大部分的情況都有許多可以接受的解決方式。我相信，給兒童機會讓他們思考、討論和訂立能夠反映他們價值判斷和顧慮的課堂規則很重要。

處理這類議題可能會花費許多時間。在前述的例子之中，全班一起花了一週的時間集會、研究、思考和討論之後，才訂立蒐集鳥巢的規則。而如果我們匆匆忙忙地進行課程，文過飾非，或是故意忽略行為的後果，就等於告訴孩子，我們的工作對周遭世界的影響並不重要，以及科學家只要研究他們感興趣的題目就可以了。如果我們花時間考量價值標準，以及我們的行為與它之間的關聯，就等於告訴孩子，在教室和實際的世界中，肯負責任和顧慮周詳都很重要。

7

解讀兒童的作品

　　老師持續不停地做計畫與評量，決定要導引兒童到什麼方向，以及要怎樣提供個別兒童最佳的協助。我們所做的決定建立在觀察兒童，與他們互動，和檢視他們作品所蒐集到的資訊之上。在本章中，我們提供方法幫助你從檢視兒童的作品來蒐集資訊，以及運用資訊。

　　一般來說，我從學習單的抽樣著手，這些學習單是五到十一歲兒童的作品，它們反映了不同年紀的兒童對主題的觀點。從每一張學習單中，我們可以洞察兒童的想法、才能，和他們著重的是什麼。我們闡釋學習單以強調孩子的觀察所得，兒童的觀察心得反映在圖畫上，而且幫忙成人了解什麼是「發明拼字法」（invented spellings）。我也

針對兒童在不同年紀的作品所呈現的特徵提出一些意見，並且把重點放在不同發展階段的改變之上。兒童的發展階段將會影響老師如何計畫科學活動，對兒童的期望，和解讀兒童作品的方式。

若是老師不熟悉兒童的表達方式，或者習慣了修改或更正兒童作品的話，可能在一個孩子很驕傲地給你看他完成的學習單時，不確定要怎麼回應。檢視兒童作品的時候，我們也許看到他們很注重細節，可是難免有疏忽和錯誤之處。從事科學工作時特別強調的準確性和客觀性，可能使我們特別注意到「錯誤」。

我不打分數也不更正這些學習單，而是與兒童討論。如果老師能夠依據他們在孩子的圖畫或寫作上所見到的做出回應，那麼孩子將獲益匪淺。而在給意見時，要說出孩子做了的，而不是孩子沒有做的。（「你發現了蟋蟀是怎麼發聲的！」大有幫助；「你畫的蟋蟀只有四隻腳？再看看——所有昆蟲都有六隻腳。」對兒童並沒有幫助。）

要欣賞兒童的作品，就要學習去解讀它。為了練習閱讀和辨識這些作品中的一些重要訊息，你可能希望連學習單上的標題或文字都不放過。

許多時候，我們希望兒童能舉一反三，在針對他們的觀察做出回應之後，我們可以提出一些問題來鼓勵他們額外多做一些研究。因為我們發問的方式反應了我們的態度是接受或不接受他們的作品，因此，事先考慮「下一步」該怎麼做可能很有用；而且，要事先思考怎樣的回應較有可能提高興趣，鼓勵他們做進一步的研究。

🐞 丹尼所觀察的天竺鼠

　　丹尼（五歲七個月）捕捉到天竺鼠長橢圓的身體形狀。他畫的天竺鼠有一個頭、四隻腳，並且沒有尾巴。在天竺鼠的身體裡面，丹尼畫了心臟、胃和肝（有些部分他看不見，可是解釋說：「它們在牠的身體裡面。」）。天竺鼠頭部的線條沿著學習單揮灑成一種裝飾。這個年齡的兒童有時候會將設計、想像的色彩和微笑的臉，與實際觀察到的細節混在一起。丹尼所畫天竺鼠的腳與牠的身體並沒有連接在一起。有些五歲的兒童不會留下這樣的缺口，可是有些仍然會。

　　從丹尼的寫字中，可見他已經了解文字可以用來表達想法；然而，他的文字表達並不能和口語表達一樣，清楚地呈現出觀察所見。

　　在做這個觀察之前，丹尼看過也抱過天竺鼠，也許這些機會有助於他畫圖和寫作。他一面做作業一面與同學聊天，也有助於更了解天竺鼠。這是兒童獲取經驗和發展語言能力以形容周遭世界的重要時刻。老師在回應兒童的討論時，要記住幼兒對因果關係的解釋和理解，反映出他們尚未成熟的認知能力。

圖 7-1 丹尼所觀察的天竺鼠

科學家的姓名　　　　　　丹尼

我觀察　　　　　　　　

把 看 到 的 畫 下 來

HELLO BVRAN

我注意到

🐞 曼迪所觀察的天竺鼠

　　曼迪（六歲八個月）所畫的天竺鼠的身體和頭部，已經較年幼的兒童精確許多。她畫出了許多細節，例如短腿、腳趾頭、一個黑眼睛、一隻粉紅色的圓耳朵、棕色和白色的毛，以及一張嘴和鼻孔。六歲兒童的圖畫比五歲兒童的圖畫涵蓋了更多細節，也更接近實物，可是經常還是會畫快樂的臉和一些裝飾。

　　曼迪潦草地畫出天竺鼠棕色的毛髮，而且在天竺鼠的籠子裡，很快地畫出一根木頭，並且把一部分塗上顏色。這種「急就章」的特性，對這個年齡的孩子來說並不陌生。

　　曼迪寫下：「牠吃木頭，牠跳躍。」這些說明她捕捉到天竺鼠在這個課堂上最明顯的行為。在先前的學習單中，曼迪敘述了她對天竺鼠的反應：「牠很可愛，我喜歡牠。」曼迪的寫作就像許多六歲的兒童一樣，大寫小寫字母並陳，自己發明的字和正確的寫法都有，也有左右顛倒的字。我全盤接受而沒有糾正它們，因為這在幼童的寫作上是很常見的，這個情形會隨著他們的成長而逐漸消失。

圖 7-2 曼迪所觀察的天竺鼠

科學家的姓名　　　**曼迪**

我觀察　　　**euinea Pigs**

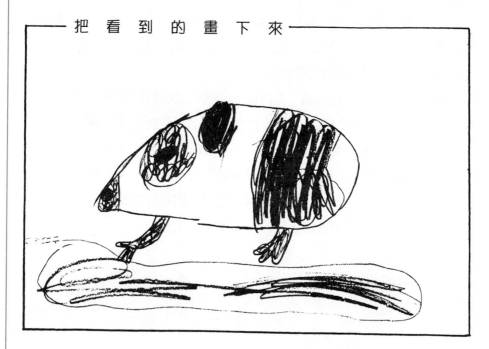

──把 看 到 的 畫 下 來──

我注意到　　It enTS The LaG.　he Tap.

芮塔所觀察的蟋蟀

芮塔（七歲八個月）先畫了一隻較小的蟋蟀，擦掉之後，在原蟋蟀的右上方畫了另一隻小而細節周全的蟋蟀。她用鉛筆而非彩色筆作畫。有些兒童較喜歡用鉛筆，也許因為他們較喜歡鉛筆在表達上的精確性。

她的圖畫裡繪出蟋蟀的前腳和後腳、關節和角度。她也畫出蟋蟀腹部的環節、身體幾個其他部分、嘴巴、兩根像尾巴的刺鬚，和從眼睛附近伸出的兩根觸鬚。

芮塔寫著：「牠有四隻腳，在前面有兩根小東西，牠用它們來吃東西。牠的屁股上有一些小小的線條，在牠對著我叫的時候，我仔細地觀察，我看到牠的翅膀在震動。」從她的圖畫和她所發現的蟋蟀如何吃東西和發出聲音，可以知道她花了不少時間以及注意力在這個觀察上。芮塔有可能會變成一位蟋蟀專家。隨著日漸增加的心智能力，她將能夠以新的方式來組織和闡釋得到的訊息。現在她知道了蟋蟀如何發聲，也許她可以思考，是不是所有的蟋蟀都會發出聲音，還是只有部分會；也許她會思考，是不是所有會發聲的蟋蟀都以相同的方式發出聲音，或者牠們的方法各不相同。在老師的幫助之下，她可以找到其他許多可能的研究方向。有些這個年紀的兒童會變得過於專注在細節上，以至於失去了方向，芮塔的老師必須幫助她找到方法，並且維持方向。

圖 7-3｜芮塔所觀察的蟋蟀

<u>   芮塔   </u> 的觀察

日期：<u>August, 29th, 1988,</u>

我觀察 <u>A criket.</u>

── 把 看 到 的 畫 下 來 ──

我注意到

it had 4 legs and to little things
up in front that it ate with,
it had littlle lines on it's bottom.
and it chirped for me and I looked
and saw littlle wings moveing.

🐞 瑞所觀察的香雀

　　瑞（八歲六個月）畫的這幅畫裡，香雀棲息在牠的食物盒上，牠的前趾勾住盒子邊緣，而後趾與前趾相對。牠的翅膀、尾巴和頭都是棕色的；牠的胸前覆滿了棕色的小點，而肥厚的喙是瑞和他的同學為雀類家族的鳥找到的共同特徵之一。瑞的圖畫顯示出他已經具有能力畫實物，並且注意到許多細節部分。他所具有的結合藝術和科學的能力，使他有機會兼顧到實驗和藝術兩方面。

　　瑞寫下：「我注意到雀鳥有一個行為模式，就是雄鳥會外出覓食，然後可能會銜著一根草回來，或者空手而回。」辨識模式對了解鳥類行為和其他科學研究都很重要，瑞自動去探討雀鳥的行為模式，為未來的觀察提供了絕佳的起點。這個年齡的兒童能設計和執行簡單的研究，做紀錄，而且比七歲的兒童更能獨立地運用參考書（雖然他還是需要老師的幫助來組織和實行計畫）。

　　在描述雀鳥時，瑞特意運用「雄性」這個名詞，而不是「父親」。

　　隨著兒童逐漸長大，一般來說，家長和老師都會愈來愈注意他們拼字和標點符號的問題。瑞已經大量地使用省略的標點符號，他寫「go's」、「git's」和「ete's」。你最好另外找一個時間專門做這個練習，如果此時把重點放在標點符號上，將會分散他對鳥類行為模式的重要觀察結果。

圖 7-4 ｜瑞所觀察的雀鳥

_____**瑞**_____的觀察

日期：　　__5/4/08__

我觀察　　　　SPISE　Finchis

───把 看 到 的 畫 下 來───

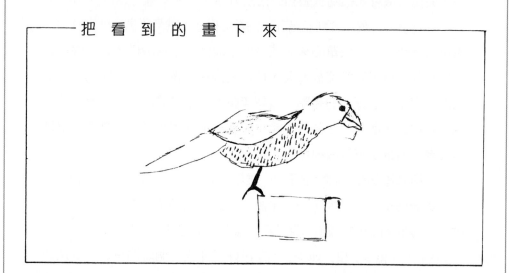

我注意到

I notist a Patar abowt The finchis
That I Thing The male Go's
Out and ete's som food Than
ethor Git's a Pase of Gras
and Go's Bake in or He Jost
Go's Bake in.

🐞 蘇珊所觀察的鳥巢

蘇珊（九歲兩個月）畫了一個築在樹叉之間的鳥巢。她以彩色鉛筆混色來顯示鳥巢的陰影和樹皮的部分。她並沒有實實在在地畫出一片片的葉子，而是以綠色和棕色的線條來畫出許多葉子的效果。

她的寫作內容反映出她在研究鳥巢時，運用了各種感官以及好奇心：「很奇怪，樹葉即使乾枯了還是綠色的。」似乎她的觀察與她先前對枯葉的印象互相矛盾。蘇珊已經從自己的經驗、書籍和電視上累積了可觀的知識，可以鼓勵她將這些知識運用在新的情況之中，並且將聽過或讀過的，與親身觀察做一個驗證比較。

蘇珊的能力已經足以做進一步的研究，以及設計一個研究計畫。她可以比較鳥巢中的樹葉與其他的枯葉，或是做實驗將新鮮的葉子弄乾枯，看看有什麼變化。持續觀察這個鳥巢一段時間，把重點放在乾葉子顏色的改變上，或是放在聞起來很「新鮮」這件事上，也能幫助她得到進一步的理解。

在蘇珊把這個觀察歸類為「奇怪」的同時，她也跨出了提出一個問題以供研究的第一步。她能夠自己設計並且主導一個簡單的研究，雖然老師可能會在她的過程或是理解上發現許多破綻，然而她會在問題發生時解決它們，並且從中學習。

圖 7-5 蘇珊所觀察的鳥巢

_____ 蘇珊 _____ 的觀察

日期： feb. 26, 1987

我觀察 a nest

━━ 把 看 到 的 畫 下 來 ━━

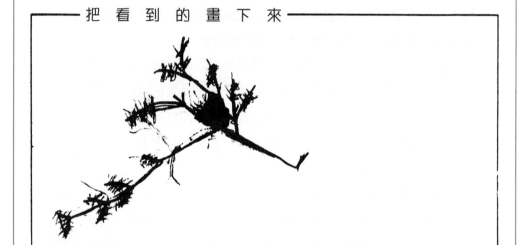

我注意到

it is soft it smels fresh it
is strange how the leaves stayed
green and ~~felt~~ they are dry. it
has alot of detail it has birch
bark and pine neetles and
sticks. it is pretty small.

🐞 亞瑟所觀察的雀鳥

亞瑟的學習單顯示他的注意力同時放在雀鳥的外表和行為上。在他的圖畫中，這個十歲的男孩以線條來表現羽毛，而他為牠畫上像人類一樣的眼睛。他畫的兩隻鳥都是以側面呈現（起初他畫的雀鳥在鳥巢裡，臉朝上，可是接著他把這隻鳥擦掉了）。許多兒童發現，從側面畫動物最容易。亞瑟的圖畫呈現了鳥之間的互動和活動。

在他的觀察中提及：「頭頂的曲線直直地通往鳥喙，沒有下垂。」亞瑟發現雀鳥與別的鳥類不同的一個特徵。在他的圖畫和文字說明中，也顯示他注意到雀鳥的行為：「通常有一隻雀鳥會待在鳥巢裡，鳥巢裡有許多草，我想牠們很快就要生小鳥了。」

亞瑟可以把這個研究延伸到幾個方向。他可以基於一些特色而分類，例如鳥喙的形狀。因為這個活動包含了整理、歸類和將訊息條列出來，所以受到許多這個年齡孩童的喜愛。他也可以進一步探索這種鳥類的行為。（雀鳥輪流待在鳥巢裡，或是大部分時間由其中一隻鳥待在鳥巢裡？雀鳥只用草或是也用其他材料築巢？）因為兒童在學習單上透露了他們的許多想法，老師經常可發現，學習單是討論題材的極佳來源。例如，亞瑟預測雀鳥將要生小鳥了，也許可以成為一個有趣的討論。

研究鳥類的行為很適合做為戶外教學的主題。雖然對任何年紀的兒童來說，戶外教學都是重要且有趣的經驗，然而似乎較年長的兒童從中獲益更多。他們精力充沛，能夠妥善照管器材（在你不時地提醒之下），而且喜愛長時間留在戶外。亞瑟和他的同學花了很長的時間在戶外觀察鳥類。

圖 7-6 亞瑟所觀察的雀鳥

亞瑟 的觀察

日期：　5/13/88

我觀察　　The finch's

── 把 看 到 的 畫 下 來 ──

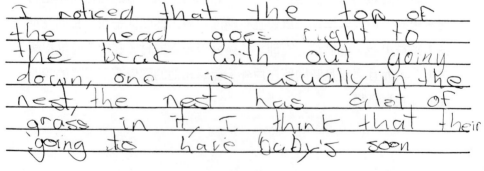

我注意到

I noticed that the top of the head goes right to the beat with out going down, one is usually in the nest, the nest has alot of grass in it. I think that their going to have baby's soon

🐞蘇珊所觀察的烏龜殼

蘇珊（十一歲一個月）畫了一張著色的烏龜殼圖畫，圖畫上同時顯示了不同的「一片片」的排列情形，以及每一片上圖案的模式或設計。她使用標點符號來區分一般人接受的術語和較不傳統的字〔例如「鋸齒狀的缺口」（jags）〕；她也畫了一個圖，以確定讀者了解她使用的這個名詞。她對烏龜殼的描述，顯示出她徹底地檢視了烏龜殼的裡面、外表、個別部分，以及整體。

雖然她的圖畫並沒有完美地描繪烏龜殼上的圖案，然而她的觀察已經足以支持她開始做辨識。在蘇珊的觀察中，有一項可能對科學家來說並不重要，可是顯然使她頗為印象深刻：「從烏龜殼上脫落下來的那一片，看起來像美國，可是佛羅里達州和鱈角都縮水了！」

從之前的經驗中，她正確地得到結論，鋸齒狀缺口末端上升的部分是烏龜殼的前端。許多兒童都會敘述這樣的訊息，使觀察的結果更豐富。

她注意到的小曲線是一種「生長輪」。在觀察之後如果閱讀一些書籍，將會有一些令人興奮的新發現，這個年齡的許多兒童已經能非常恰當地運用適當的書籍做為參考。隨著思考能力日漸成熟，他們能處理的探索和研究也日益複雜。

雖然蘇珊還是習於以熟悉的學習單來做紀錄，如果你的孩童年紀較大，老師們也許可以改變學習單和會議的形式，使它們看起來不像「小baby的玩意兒」。兒童可以依據他們的需要而設計紀錄的方式。參考蘇珊九歲的作品實例，請參閱圖 7-5。

圖 7-7　蘇珊所觀察的烏龜殼

蘇珊 的觀察

日期：　1 / 18 : 84

我觀察　　　One of the turtle shells.
and some of the pieces from the shells,

—— 把 看 到 的 畫 下 來 ——

我注意到

The shell has the spine of the turtle on the inside.
there are "jags" rising up from the shell.
in the front (where the turtle's head would be)
it is raised up. The piece that came off the
shell looks like the U.S.ofA. with a shrunken
florida and no cape cod! the brown parts
have lots of little curves.

有特殊需求的兒童

科學研究可能對所有兒童來說都是有趣、充滿歡樂和令人興奮的。在這本書中，處處可見有特殊需求的兒童做觀察、實驗，以及與老師和同學討論、提出問題和尋求解答。在第一章中，當我清理打碎的玻璃瓶時，凱芮對我說：「我很好奇，也許我們能做海玻璃。」而在第二章中，艾力克看同學的圖畫來學習畫天竺鼠。第六章中，瑞克和派粹克為了證明他們的假設，兩人合力篩一袋培養土，想找出在鬱金香盆子裡出現的雜草的來源。而安姬發現青蛙有圓形的耳朵，使得她的同學們興致勃勃地想找出青蛙的舌頭是怎麼作用的。瑪莉亞是班上第一個關心並且提出蒐集鳥巢議題的人，她觀察了自家院子的鳥巢（每一年都有鳥兒居住），使她關心這個問題。而且，瑪莉亞同時發現，即使一個鳥巢裡沒有鳥兒住在裡面，還是很難判斷鳥巢是不是已經被遺棄了：「可是可能會有很特別的情況，也許鳥爸爸和鳥媽媽只是外出覓食，情況可能很複雜。」菲力浦在記錄小樹枝觀察結果時的謹慎和注意，促使班上許多同學也付出同樣的努力（參閱圖 7-15，在本章稍後）。

課堂裡的多元化是很有價值的資產，特別是當孩子們在科學課上合作無間的時候。許多觀察使我們知識的累積更為龐大，許多技巧使我們得以辨識和尋求問題、解決問題，和表達所理解的部分。如果科學課的研究範圍既廣泛又多樣，那麼兒童（包括有特殊需求的兒童）將有絕佳的機會成長，並且幫助別人成長。我很驚訝地發現，一個在寫作上有困難的兒童能夠藉著圖畫、律動或音樂，來表現他強烈的興趣和豐富的資訊。經常，在教室裡看起來最不安的孩童，在戶外通常是個領導者，他們能夠找到最小的野花、永不疲累地尋找薪柴和飲水，

或是為害怕打雷、黑暗或蛇的同學打氣。

　　盡可能擴增兒童學習機會的方式之一是，提供他們許多學習和表達的管道。在兒童的研究工作遭遇困難或感到沮喪，或是在他們無可避免地將自己的作品和能力與同學相互比較時，給與鼓勵和支持非常重要。有學習障礙的兒童或是有其他特殊需求的兒童，在班級討論時可能感到茫無頭緒，在他們讀不懂自己寫的觀察報告時，可能感到氣餒，或是擔心展覽中的作品看起來怎麼樣。他們可能很不容易找到適當的字語、證據或數字，使別人明瞭他們的想法。九歲的諾亞告訴他的老師：「我覺得我的頭腦好像一顆橡皮球，進去的知識立刻就被彈出來了。」老師和同學可以在他們奮力克服這些困難的時候，提供他們一個受到尊重的環境。在科學以及其他領域中，兒童的特長和需求會塑造出他們的取向和成品，他們有許多不同的方法做研究、記錄，或是在集會時貢獻心得。

為有特殊需求的兒童量身打造科學課

　　觀察。許多兒童無法專注地觀察，他們可能草草地看一下展示的物品，然後站起來去參加別的活動；他們可能看著窗外而不是看著供他們觀察的物品；或者他們很容易受到教室裡其他活動的干擾。全心全意地觀察是觀察程序的第一步，對兒童來說是一項挑戰。如果老師能比在全班上課時，更明確地說明「觀察」是什麼，將會很有幫助。「觀察是注意地看。當科學家注意地看一項物品時，她會看它的頂端和底部，以及側面——到處都看！當科學家觀看某種殼的時候，他們甚至檢視殼的內部！如果你已經仔細檢視過殼的每一個部分，不管是頂端、底部或是側面，那麼你就可以開始畫圖了。」

　　一開始老師要在一旁，以確定兒童了解什麼是注意看，而且也能真正做到注意地觀察。稍後，老師可以提供一份清單，以便兒童掌控

自己的進度。

其他與觀察有關的觀點也需要非常明確地定義：「當你描述一隻動物時，一個好的敘述至少包含三樣對牠外觀的形容，其中一樣是牠的顏色。這隻毛毛蟲是什麼顏色的呢？」

並非每個孩子都能花同等的時間在觀察、畫圖或描述上。一個七歲的孩童可能可以持續四十分鐘，另一個孩子可能無法維持五分鐘的注意力。明確的定義和限制能幫助一些具有「遁逃」傾向的兒童。藉由提供他們明確的觀察和報告的對象，以及一份清單或是其他系統，來讓他們了解進度，如此我們能夠幫助他們更為獨立地工作，使他們工作的品質更好，以及更有能力參與班級活動。

記錄。孩子可以自己寫紀錄，或是老師或同學可以依據他的口述而做紀錄。任何可以幫助人們記住以及分享資訊的都是好方法。

如果兒童的確自己做紀錄，那麼有許多方法可以使他們的工作更易於處理。當重複觀察相同的主題時，清單能夠簡化紀錄工作。兒童可以和老師一起設計表格。（例如，班上同學可以條列或是畫出鳥類的行為，而觀察者可以就所見而劃掉某些或是圈選其中的一部分。）

可以把全班討論觀察結果時得到的字詞或片語條列在圖表紙上，或是寫在索引卡上，然後以金屬環把它們固定起來。你可以把這些紀錄存放或展示在科學桌上，讓兒童模仿，一般的兒童經常可以從展示中的相關字彙上獲益。而累積和提供經過控制的字彙給寫作上有困難的兒童，特別的重要。

在寫作上因才能而賦予期望也很重要。有些八歲的兒童輕易就能寫出兩頁有關蟋蟀的報告，而有些即使只是寫一個句子都艱難萬分，老師要依據兒童的能力而給他們功課。有些在寫作或是口語表達上有困難的兒童，較容易以繪畫來傳達他們的想法。如果他們發現繪畫既正當而且受到重視，那麼他們將比較能夠把繪畫視為一種表達的方法。對這些兒童來說，可以把寫作壓低到最少量，而多強調畫圖以及其他

紀錄或是溝通的方法。有時候，將兒童的觀察錄音下來可能很有用。再一次強調，任何能夠幫助兒童記住和分享資訊的方法都是好方法。

分享學習單。在會議中，老師可以提供錄音機或是特別的筆記，來幫助無法閱讀自己寫作作品的孩童。兒童也可以談論他們的想法和觀察，而不用讀學習單。在會議開始之前溫習學習單的內容，對有些兒童很有幫助。老師也可以提供有模式的句子給孩子，使他們較容易駕馭口語和書寫的文字。

當孩子在會議中表達有礙時，老師可以用鼓勵或是引導的方式，幫助他們回憶或是清晰表達他們的想法或發現。對某些兒童來說，幫助他們回憶或是找到所需的資訊，能夠使分享更為簡化。例如：

老師：保羅，我記得前幾天當你看著藍色羽毛的時候，你注意到一些不尋常的部分。記得你把它舉起來向著光的時候嗎？有什麼情況呢？

保羅：我不記得了。

老師：是顏色呀……

保羅：顏色變了！

老師：你要我看顏色從藍色變成棕色。

有時候，孩童的口語表達方式會使同學感到困惑，這種情況會使發言者和傾聽者雙方都很尷尬和洩氣。這個時候老師可以出面解救，把孩子的想法重述一遍，使這個孩子能夠較清楚地與別人溝通，並且使同學得以明瞭他很棒的想法。老師於此關鍵時刻使用的字句很重要，它必須使大家明白兒童想要表達的意思，可是是加分，而不是糾正。以下賞鳥之旅的實例是很好的說明：

卡柔：我們看到了 —— 你知道的 —— 不是鴨子而是另一種。

老師：你們看到鵝嗎？

卡柔：是的，我們看到鵝了，而當那個人拿出食物時，牠們開始吃了起來，不是鴨子哦，牠們只是站在一旁。可是後來，我們看到鴨

子開始吃了。我想，也許鴨子得等著讓另一個先吃。

老師：原來如此！你的想法是吃飯時間到了，由鵝先吃，必須等到鵝吃完了，才輪到鴨子。

卡柔：是的。就像牠們是老闆一樣。

老師：鵝看起來像老闆。

如果我們像這位老師一樣，了解和幫助九歲的卡柔表達她所知道的知識，那麼我們會幫助他們在會議中暢所欲言，並且避免可能產生的尷尬和洩氣的場面。

強調。如果我們重視許多不同的表達方式，那麼兒童就有許多不同的選擇。如果老師或是班上太過注重某種表達方式（例如，寫作作品的數量多寡或是圖畫有多麼逼真），那麼許多兒童可能會感到沮喪，或是覺得自己不及格。

以下的學習單是一些有學習障礙兒童的作品，他們完整地參加了班上所有的科學活動，同時，他們也持續接受經過老師和評量者評定需接受的特殊教育。在每一個例子中都說明了兒童的年齡，以及他們個別的特殊需求。

沙斯所觀察的小樹枝

　　沙斯（六歲三個月大，在五、六歲孩童的班級）在控制小肌肉方面有明顯的困難。對他來說，寫作和畫圖都頗不容易。在這個練習裡，他觀察一根小樹枝，他在學習單上畫出枝枒的形狀，以及盛樹枝的罐子。他以棕色的鉛筆來畫樹皮的顏色。對沙斯來說，觀察以及口頭討論遠比做學習單容易多了，所以，非正式地與同學或老師討論，是他科學學習的一個重要部分。

　　給沙斯時間，讓他只需觀察而不需做學習單，也很重要。沙斯的老師交替著讓他口述而為他寫下，為他做紀錄，讓沙斯自己記錄，或是要他畫而非寫下觀察所見。

圖 7-8 沙斯所觀察的小樹枝

小科學家的姓名　　　　　　　沙斯

我觀察　　　　my twig

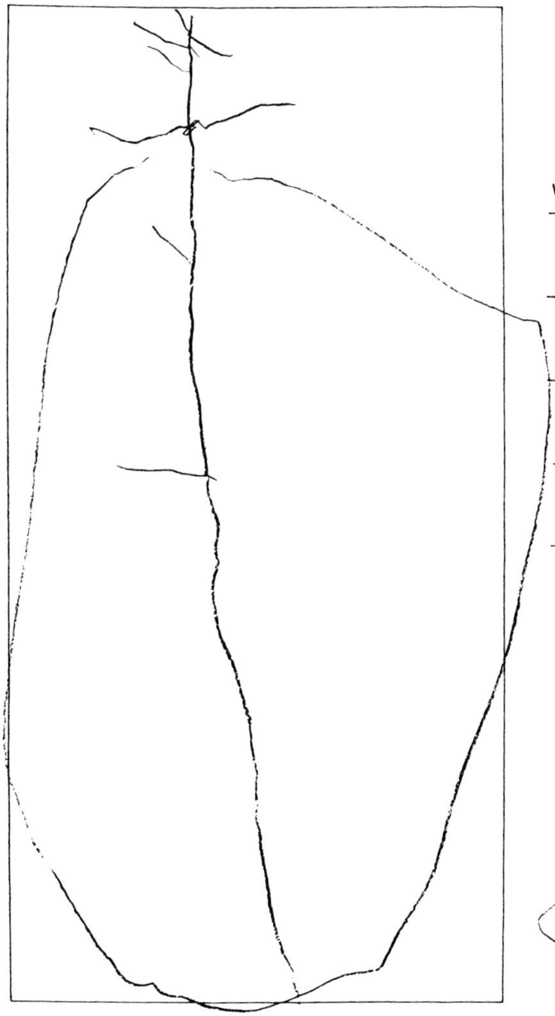

我注意到　It was
brown.

✿布魯斯所觀察的香雀

布魯斯（九歲一個月，在七歲和八歲的班級裡）有語言能力障礙，這個障礙影響了他的閱讀、拼字，以及在說話或寫作時的組織思考能力。在這張學習單上，一開始他在正常的地方記錄觀察所得，可是等到頁底的空間不夠時，他轉而寫到學習單的上端。他把「雀鳥」這個字直接寫在圖畫的上端，而不是寫在提供給他書寫的線條之上。

布魯斯畫了兩隻鳥在鳥巢裡。每一隻鳥都有鳥喙、翅膀和眼睛，而左邊的鳥身上的線條代表羽毛。

布魯斯寫著：「其中一隻雀鳥的胃愈來愈大，而那隻鳥始終留在鳥巢裡。現在兩隻鳥都在巢裡。牠們在為鳥巢築壁……」（在圖畫下端的字不太清楚）。這些雀鳥巢居的習慣引起布魯斯超乎尋常的注意，並且使他寫了許多文字敘述。由老師提供一份清單，或者提醒他以鉛筆而非馬克筆書寫，並且提醒他在字與字之間留下大約一指的寬度，這些都會使他的觀察紀錄更清晰易讀。布魯斯的觀察紀錄立刻就被加到班上針對雀鳥行為而創造的圖表上。孩童可以運用這個表來建立一個字彙對照資料庫。

圖 7-9 布魯斯觀察的香雀

布魯斯 的觀察

日期：＿＿＿＿＿＿＿＿＿＿＿＿＿＿

我觀察到 wo1 s thayo- maine st

畫 下 所 看 到 的 fishes

我注意到 befrets, and the luv the foo has a beg and that lip st inoin ol the timy and botnur tnum lor in tnurn ew

卡爾特所觀察的蝶螈

　　卡爾特（八歲八個月大，和七歲的孩子同班）需要克服視覺－知覺障礙，而這個障礙也影響了他的閱讀和拼字。請注意他寫的左右顛倒的d-b：「在牠的背上有一道線，還有橘色的點和黑色的點。牠有一個眼睛。」卡爾特的圖畫和真正的蝶螈很像。他混合顏色以畫出蝶螈橘色的外表，而且有暗影沿著「背部的線」，使它看起來有立體的效果。腳的輪廓和其他的細節也都很逼真。畫圖是卡爾特一個重要的表現方式，而且也是他可以和同學分享的一個長處。

圖 7-10 卡爾特觀察的蠑螈

卡爾特 的觀察

日期：_____

我觀察到 _____a__ Salmaner._____

┌─── 畫 下 所 看 到 的 ──────┐

└──────────────────────────┘

我注意到

It Has a line dawe Its
dack. and Aringg and dlak spos.
It Hase a heye.

✎ 米奇所觀察的畫眉鳥

　　米奇（九歲一個月，和七、八歲的兒童同一個班級）的口語和文字表達有困難，除此之外，他也很不容易維持注意力。

　　米奇花了很大的功夫畫這隻畫眉鳥，在讓他滿意之前，他畫了又擦，擦了又畫好幾回。在圖畫裡，畫眉鳥的鳥喙又長又窄，翅膀往後上方舉起，而腳趾彎曲攀著一根棲木。畫眉鳥的顏色和花紋基本上與實際吻合。米奇寫著：「牠的腹部——磚紅色，有一點點的白色。牠們的眼睛是黑色，指甲也是黑色的。牠的背部是灰色的，而牠的腳很醜。牠吃櫻桃。八又二分之一英寸。」他的描述剛開始著重在鳥的顏色上。米奇也敘述了讀給他聽的書裡，提到有關畫眉鳥的大小和飲食習慣。從書裡學到的一些特定語言，在他寫作時給他很大的幫助，比方說他以磚紅色來形容胸部的橘紅色，而「櫻桃」則是牠飲食的一部分。

圖 7-11 米奇觀察的畫眉鳥

米奇 的觀察

日期：＿＿＿＿＿＿＿＿＿＿

我觀察到 _roo din Mont_

── 畫 下 所 看 到 的 ──

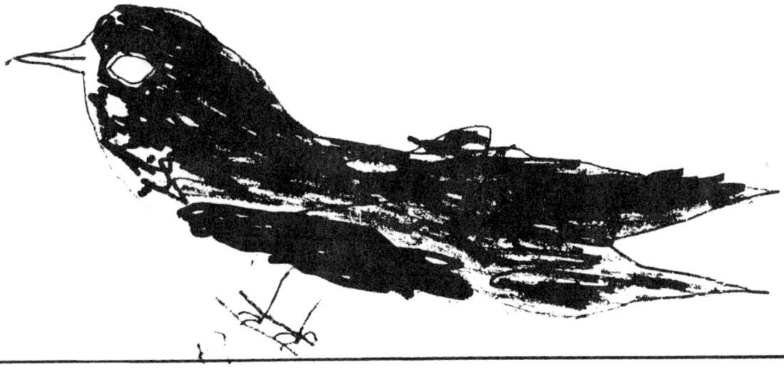

我注意到

l it's tome brikred it has a
liettile with they on lie have black
eys It has black fagernels It has
grey on it back It has ogle feet
it's chears, gßinchis

🐞 瑪莉亞所觀察的羽毛

　　瑪莉亞（九歲十個月，和七、八歲的孩童同班）有聽覺和視覺的障礙。她的認知能力遲緩了兩年以上，口語表達能力和維持注意力對她也頗為困難。瑪莉亞觀察了大角貓頭鷹的羽毛。在他的圖畫裡，充分地表露出她花費的心血和藝術方面的造詣，特別是她細心地調色以顯示羽毛線條的方式。她也寫下了觀察到的花色：「我注意到在一邊和頂端和在另一邊是棕色和黑色、棕色、黃色和棕色的線條。有黑色（和）棕色的線條在上面。」

　　瑪莉亞在學習單上呈現的觀察結果，和她在課堂上討論的表現有極大的差異。雖然她必須很努力才能找到適當的字詞來說明她的想法，然而在討論的時候，她很快就能找出相關之處，或是在戶外教學時將觀察的結果付諸實用。對有些兒童來說，文字表達和理解之間的鴻溝可能會產生很多問題，老師應該要因材訂下合宜的期望，並且提供充足的機會讓他們探索，而不是每次都要求他們做學習單。

圖 7-12 瑪莉亞觀察的羽毛

瑪莉亞_____ 的觀察

日期：Mar. 4 1988_____

我觀察到　a fra_____

───────── 畫 下 所 看 到 的 ─────────

我注意到

I some noticed it is brown
and Black on one side and or
the top on the os side brown
yollon and lan brown, it have Bau
brown sns lans on it.

🎨 艾麗森所觀察的天竺鼠

　　艾麗森（十一歲，與九和十歲的孩童同班）很難理解所聽到的事情，對話、口頭指示和解說也令她感到困惑。將想法用口語表達出來，對她來說要容易多了；藝術也是她的拿手項目。她畫的天竺鼠既精確又顧及細節——粉紅色、捲起的耳朵，以及沿著背部和頭而聳起的毛。她的畫也兼顧了周遭景物的細節，她畫了窗沿上的每一盆植物，在天竺鼠籠子裡的罐子和木頭，她甚至也畫了滴著水的水瓶。艾麗森寫下：「我注意到，牠看起來好像用吹風機吹了一個小時。牠的毛色是白色和棕色的，而牠小腳上的指甲看起來像針一樣。」她所敘述的景象和圖畫上所涵蓋的完整畫面，說明了她的成果。如果我們不將科學課定義得太過狹隘，那麼闡釋的空間將會寬廣許多，兒童將可以發揮不同的長處，並且貢獻獨到的觀點。

圖 7-13 艾麗森觀察的天竺鼠

艾麗森 _____ 的觀察

日期：_____

我觀察到 _a Ginny pig_ _____

─ 畫 下 所 看 到 的 ─

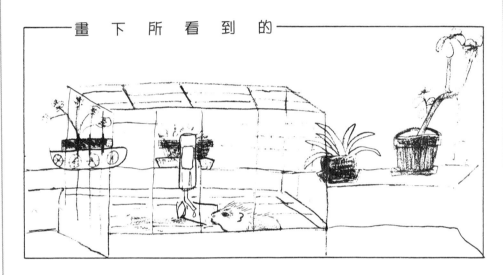

我注意到

I noticed that it lookes like it wos
blone with a hare drier for a
awer. it has white and brawn
fer.
And little feet that have
toanails like needle's.

評量兒童的作品

如果我們的課程以培養兒童好奇心和獨立思考的能力為目標，那麼，在教學上我們要揚棄迷信教科書的作法，我們也要揚棄一向熟悉的評量兒童的方法。如果你的目標是教導兒童熟習各種知識和定律，那麼逐章的測驗也許能夠評量他們的進步，可是這種評量極少透露兒童如何觀察、發問或是建立想法等方面的訊息。藉由提供另一種選擇，避免為兒童排等第或者替他們的想法打分數，我們可以維持班級裡協同合作的精神，這一點非常重要，我們可以藉此鼓勵兒童做獨立的研究和實驗。

評量的目的

評量的目的是更了解班上的兒童，以便我們依據蒐集到的資訊來決定特別的取向或提供機會，以使兒童獲益，並且也可以做為與家長或是其他老師溝通的依據。

為了讓更了解兒童，我們必須從許多不同的方面檢視他們，觀察他們怎樣著手，以及他們的研究成果。也就是注意兒童在科學桌觀察、玩沙、會議中分享訊息，或是解決他們自己的問題的時候怎麼做，以及研究兒童表達學習成果的圖畫、寫作和建構作品，明瞭這些作品傳達出的訊息。我們運用評量以了解孩童如何從事活動，以及是什麼使他們產生興趣，或是他們遭遇的困難是什麼。這也是我們摘要並且在親師座談時與家長分享的訊息，以及幫助我們做決定和計畫的重要依據。

評量的取向

在我所提出的評量方法中，教師由三種來源蒐集訊息：非正式的觀察、正式的觀察，以及作品資料夾。

非正式的觀察。老師一天之中從頭到尾都在「非正式」地觀察兒童，不論在召開科學會議、幫助某個孩子使用參考素材，或是當孩子抱著天竺鼠而在一旁看著，老師都有可能進行非正式的觀察。老師可能會默記下一些特定的行為，或是產生一個概略的印象。在學年剛開始時，我發現非正式的觀察能幫助我了解孩子的發展、興趣、優先次序、能力和工作的方式。

我們經常可以將蒐集到的訊息付諸實用。我們可以幫助一個面露困惑的孩子，也可以鼓勵一個驚呼新發現的孩子，做更進一步的探索。我們可以將這些印象儲存在檔案或資料夾中，以供學年之中隨時參考。

正式的觀察。在「正式的」或是計畫過的觀察之中，老師觀察和記錄個別兒童獨自或是在群體中的活動，把重點放在他們行為中的某些特定方面。一般來說，我會坐近想要觀察的孩童，一本筆記本在手，有時候與他們有一些互動，以察知他們的想法或是觀察特定的行為；有時候我保持緘默，不去干擾他們。不管是哪每一種方法，都能蒐集到重要而各異的訊息，被我納入文字紀錄中。

正式的觀察經常起源於非正式的觀察。在每天與孩子相處時，我們可能對某些現象感到困惑，或是有什麼事情激起我們的好奇心，於是決定另外安排時間觀察，以便更加了解。我們也可以利用特別的時機觀察，確定我們遵照事先設定的目標進行觀察活動。

例如，有一年我把「發問」設定為科學課的一個重要目標。我希望孩童能提出自己的問題，而不僅僅只是回應別人提出的問題而已。

因為我在非正式的觀察中所蒐集到的訊息，無法判定他們是否自己提出問題，因此我決定以較正式的方式觀察他們發問的技巧。我需要正式地觀察七歲的麥爾斯和寇瑞，在本書第二章中曾經敘述過他們的例子，他們花了很多很多的時間在科學桌觀察蟋蟀。我的印象是他們對蟋蟀很有興趣，並且會依據自己的設計而做研究，可是這個印象可能並不完整或甚至並不正確。我必須仰賴正式的觀察，以證實他們在科學桌的對話確實與蟋蟀有關。

作品資料夾。老師可以從年頭到年尾以規則的間隔蒐集兒童的作品，把它們放在資料夾中（也許是抽樣的學習單、照片、模型、對建構的說明、報告和其他寫作的影本）。如果我們能夠檢視一段時間的作品，經常可以注意到兒童作品裡的模式或是改變，而如果我們只看個別的作品，或是在孩子完成後讓他們立刻帶回家，那麼我們很可能錯失這些發現。

資料夾裡的作品也能幫助我們看到兒童的進步和成果。七歲的艾麗森有學習障礙，在學年剛開始時，她以鉅細靡遺的圖畫來仔細地記錄觀察的結果，然而她並沒有寫作意願。三月時，她畫同學帶到班上來的一隻鳥，她在圖畫下方寫著：「我想牠看起來非常漂亮。」而到了四月底，學習單上滿滿的都是她對兩隻幼鼈的詳細描述。

有時候，觀察所見會讓我們擔心，或是促使我們針對某個孩子的一個特別議題做進一步的了解。八歲的傑瑞米送來一份觀察大骨頭的報告：「它有一些凸起，太帥了。」

如果這是偶一為之的敘述，並不會引起我的注意，但我的印象是（而且資料夾的作品證明了），「太帥了」太常出現在他的學習單上了。我需要重新思考對他設定的期望，並且考慮該怎樣幫助他，使他進步。

作品資料夾也可能透露孩子的取向，就是孩子對什麼有特別興趣、能力，或是風格。彼得觀察一根貓頭鷹的羽毛（圖 7-14）之後報告：

圖 7-14 彼得所觀察的羽毛

彼得 _____ 的觀察

日期：<u>3/3/88</u> _____

我觀察到 <u>a Grat hothd Owl</u>
<u>feather</u>

┌─── 畫 下 所 看 到 的 ───┐

我注意到

oh owh sid of the feather
it is litt than thee.othti
oh the dark sid that are
SuVih strips oh the lit
sid that are aet strips.
oh the lit sid the feathrp
is fosy all the way up
the ohiyi othf sid has fos oh the batow

「在暗的那一邊有七根線條，在明亮的那一邊有八根線條。」後來有一次，他數了數烏龜殼上有多少塊板塊；另外有一次，他記錄一塊下顎骨上有多少顆牙齒。似乎他經常將注意力放在數字上。

檢視兒童的作品資料夾，能夠加深我們對兒童的了解，並且在設計未來的學習計畫時，給我們許多幫助。兒童也可以擁有自己的資料夾，一方面可做為參考資料，一方面也可以當做他們的成長紀錄。

我對打分數的看法

有許多老師問我在為學習單打分數時，應該採用哪些標準。我通常避免用字母打等第，或是用形容詞（例如，「極好」、「好」、「普通」、「差」）來評量作品。我建議大家避免「糾正」孩子拼字、文法，或是專門用語的錯誤。

雖然有時候打分數似乎無可避免，然而在此我基於幾點原因提出反對的意見。一個原因是打等級似乎與學習的目的無關。在科學課時，我們要兒童畫圖和寫作，因為過程可以幫助他們更仔細地觀察，而作品可以幫助他們記得研究的成果，並且與別人分享它們。

如果我們要兒童充分運用畫圖、寫作，或是建構所提供的機會學習，那麼，我們必須解除由某個外力來評斷他們作品的負擔。如果一個男孩在畫蟋蟀翅膀的時候，發現了蟋蟀其實有四個而不是兩個翅膀，那麼對他來說，這是一個重要的科學發現。如果在他的作業上，我們發現蟋蟀沒有觸鬚或是眼睛，或是對他匆忙寫就的報告上的「兩種翅膀」大加評論，並且給他 β⁻ 的成績，或者甚至是 C，那麼我們就貶低了自主研究的價值以及成果；或是至少，我們的重點將轉移至評分，有悖於強調興趣、探索和實驗的取向。

打分數有其他的缺點。如果我們成為兒童作品的裁判者，那麼等

於鼓勵兒童依賴我們去評量他們的努力，可是科學研究需要獨立性、闡釋發現的能力，以及選擇研究方向的意願。我希望兒童能建立獨立的目的感和標準，而不是依靠我來決定他們的工作價值；甚且，打分數會鼓勵兒童以競爭的方式與別人做比較，而不是與別人協力合作。因為我希望兒童能以他人為師，討論所得，並且互相學習，所以我避免為兒童的工作加上標籤，以免他們以為他們不需要同學的挹注，或是無法提供同學幫助。打分數的另一個危險是，兒童會把科學看做是有清楚對錯答案的學科，而且認為他們在探索時的任務是找到對的答案，而老師正是知道對的答案的人。

我對標準的看法

放棄打分數並不意謂放棄標準，或是放棄追求高品質的作品。老師有許多方法可以幫助兒童發展出高標準，並且在工作中成長。

三月時，我帶著一班五歲和六歲的兒童散步。我們在雜貨店後面空曠的停車場裡，觀察不同的樹木和灌木，雖然新英格蘭的冬天已近尾聲，它們仍然處於冬眠狀態。我們採集樹枝，把它們帶回溫暖的教室裡。我們的計畫是把樹枝插在水裡，並且花幾個星期的時間觀察它們，注意它們的改變，並且記錄下來。

孩子們很興奮，他們愛極了捲起舌頭發出「植物學家」（botanists）這個字，我告訴他們，在這個實驗時期，我們就是植物學家，而且每個孩子都興致勃勃地在放他們樹枝的罐子上畫一個標籤。有些孩子甚至多採集了一些樹枝，因為他們想要「在家裡觀察」。

在第一個觀察階段裡，孩子們歡樂的態度從頭到尾持續不輟，我則不然。環顧教室，我看到孩童吱吱喳喳又匆匆忙忙，他們急急地看上一眼，草草地畫上幾筆就宣稱：「我做好了。」在他們急匆匆地把

學習單放進資料夾或是布告欄時，我看了他們的圖畫。圖畫上盡是紫色、藍色和淡粉紅色的樹枝，而樹枝看起來或是光禿禿的沒有芽或分枝，或是看起來像刺蝟。雖然我了解做事急就章是這個年齡孩子的特徵之一，可是我仍然覺得，他們應該可以做得比較仔細和謹慎一些。我希望他們小心地觀察，找出每一根樹枝有別於其他樹枝的獨特之處，並且更詳實地把想法記錄下來。第二個階段與第一個階段的情況頗為相似，在這個階段過去之後，要如何鼓勵他們較謹慎地觀察，而不至於打擊他們的熱情，這個問題使我頗為困擾。

在第三階段開始之前，我在集會時間和孩子共享兩本圖畫精美與植物有關的書。其中一本有好幾打美國北部野生花卉的彩色插圖，另一本則是優美的素描水生植物。

老師：因為我知道你們對植物研究很有興趣，所以我帶了這兩本特別的書來和你們分享。有些植物學家像你們一樣研究樹枝和樹木，而有些則研究不同種類的植物。你們能不能分辨寫這本書的植物學家研究的是什麼呢？

丹尼斯：花！

老師：是的。這整本書談的都是生長在鄉間的野花。如同你們觀察和畫樹枝，這本書的作者也觀察花朵，並且畫圖來讓讀者知道它們的樣子。

艾迪：而且他們加上了敘述。

老師：而且他們加以描述。我要讓你們看看這本書裡的一幅畫。（我翻到一幅紫羅蘭的彩色插畫，我想孩子們認得這種花，立刻就有許多隻手舉起來。）

寇尼：哇！

菲力浦：我家也有這種花！

愛曼達：這是紫羅蘭！

翔：這張圖畫畫得真好！

羅娜：我有好多！

瑞：耶，這是紫羅蘭。

老師：你們對了！這是紫羅蘭，你們怎麼知道的呢？

菲力浦：因為它們看起來就像我家的一樣。

老師：藝術家能夠畫各種不同的圖畫，可是，畫這幅紫羅蘭圖畫的藝術家所採用的是一種特殊的畫法。這是一種科學圖畫，而這位藝術家想要讓讀者……

雪莉：知道它的樣子。

老師：是的。這幅畫的哪些部分看起來像真的紫羅蘭？

派特：顏色，紫羅蘭是紫色的。

肯尼：不只紫色，在中心有一點點的白色。

愛曼達：我也看到了！

老師：是的，紫色摻雜了一點點的白色，就像真的紫羅蘭一樣。還有什麼嗎？

艾迪：葉子！

老師：葉子的哪些部分呢？

艾迪：它們是綠色的。

安：有好多葉子。

珊蒂：它們的樣子就像這樣（比出彎曲有弧度的樣子）。

（我們一起再看了幾幅野花的彩色插畫，孩子們辨認了為什麼每幅畫看起來像真的畫一樣。我們也看了幾幅水生植物的素描畫，即使沒有著色，這些圖畫還是既美麗又寫實。）

老師：為什麼這些是好的科學圖畫呢？

肯尼：他們非常地仔細謹慎。

老師：你怎麼知道呢？

肯尼：嗯，它們沒有跑出框框外。

老師：這兩本書放在這裡讓你們看，今天在你們畫圖時，你們可

以想一想要怎樣表現你們的樹枝。你們要用哪一種材料來著色？

麥奇：蠟筆。

琳達：彩色鉛筆。

老師：是的，你的樹枝有什麼不同的部分可以畫出來呢？

蘇珊：芽。

代爾：小分叉。

布仁特：我的樹枝是紅色的。

在下一次的觀察階段裡，我感受到班上的氣氛改變了。這些小植物學家仍然快樂又熱情，在他們急急忙忙拿罐子和學習單的時候，仍然會濺一些水出來，可是一旦準備好了，他們的速度會減緩一點。我在他們之間走來走去，就我看到的圖畫細節和寫實部分提出一些看法：「寇尼，我注意到你在圖畫裡畫了許多分枝，就和你的樹枝有許多分枝一樣」；「派特，我看到你畫了樹枝叉開像叉子的部分。」

有幾個孩子叫我過去和我分享他們的發現。羅娜指出：「我發現，我樹枝上的嫩芽都是成雙成對並排生長的。」我走過去仔細地看了一下：「是的，我看到了！我很好奇，是否所有的嫩芽都像你的一樣，成雙成對，或是只有一些如此？」

我對有些孩子態度上戲劇性的轉變感到驚訝。菲力浦已經安定下來，並且專心了將近十五分鐘，與他上一個階段很早就說：「我好了！」相較，真是一個令人驚異的改變。

他的圖畫也大大的不同。之前，他的圖畫裡是兩根沒有特徵的紫色樹枝插在波浪狀的水中；這一次，菲力浦畫了兩排平行的深色嫩芽、剛剛開展的綠葉，以及紅棕色的樹皮（圖 7-15）。

我對他說：「菲力浦，在這張圖畫裡，你畫出樹枝的許多特點！」

他指著一整列的顏色解釋：「我必須使用所有的蠟筆，因為當我看著樹枝時，我看到樹枝上有許多不同的顏色。」

第二天上科學課時，菲力浦與大家分享他的圖畫。我把他的樹枝

圖 7-15A 菲力浦觀察的小樹枝：第一幅圖畫	圖 7-15B 菲力浦觀察的小樹枝：第二幅圖畫
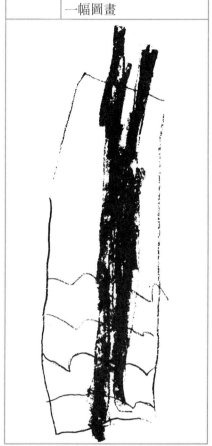	

舉起來讓大家做比較。他讀出他寫的：「我注意到樹皮有許多的顏色。大家有沒有問題或是意見？」

有個孩子說：「我喜歡你的圖畫。」

另一位點頭：「畫得很好。」

我同意：「這是一幅好的科學圖畫。好的科學圖畫有哪些要素呢？」

亞瑟建議：「它應該看起來像實物。」

「菲力浦把樹枝上的哪些特點畫出來了？」

「嫩芽。」

「不同的顏色。」

「那些兩兩並列的嫩葉。」

我同意：「這些都是菲力浦的樹枝的特色。」

在下一次的觀察課時，我再次感到一些改變。兒童們很快就安定下來開始工作，而且當他們注意到樹枝的特點時，經常與工作夥伴交換意見。在他們叫我過去看他們完成的作品時，我注意到「我好了」已經大大地被其他的說法取代了：「看到了嗎？我畫了成雙的嫩芽，就像我樹枝上的一樣。」「知道嗎？我的樹枝長出了細葉，它們的底部黏黏的！」

當然，每個孩子以他們獨特的方式成長進步。愛曼達繼續畫有非常多分枝的樹枝，可是她的畫掌握了等比例的特色，而且她有時候會畫出葉子和嫩芽的顏色。丹尼斯仍然環顧屋內，確定他是最早完成作品的一些人，可是他寫下注意到的一些改變，並且經常梭巡著看其他孩子的作品。貝茜設計了一套可以追蹤改變的系統，在開始畫圖之前，她會比較先前畫的圖畫與樹枝的現狀。

我認為，高品質的科學研究要注意和留心，願意運用自己的想法，並且把別人的想法納入考量，而且願意加進或是修正自己的了解或是作品，以反映新的觀察結果（當然，請記住，六歲和十歲孩子的注意力和仔細的程度非常不同）。

不管班上的孩童是什麼年紀，老師都可以提供機會讓他們朝著適當的高標準邁進，而不是設定一個標準，要每個孩子都達到這個標準。老師也可以幫助孩童以批評的眼光檢視自己的作品和工作的方式，辨識「好的研究工作」的要素是什麼，而且在孩童打算改變時，支持他們所做的決定。

8

戶外教學

　　一位四年級的老師了解對學生來說，從春假結束之後到暑假開始
之前這段時間很難熬，因此，決定帶孩子到鄰近城市的科學博物館做
一天的戶外教學。她希望一個特別的戶外教學能讓孩子與別人分享令
人興奮的經驗，並且帶回來新的想法，藉此使全班凝聚起來。她安排
了遊覽車和陪同參加的大人，而博物館也在事先寄來一份各展示空間
的地圖、示範教學的時間表，以及需回函確認的回條。每個人都很興
奮，有機會在日常規律的生活中有一點變化，去參觀學校裡沒有的標
本和設備，以及有知識豐富的館方人員回答問題。

　　在校外教學的早晨，兒童、午餐、照相機和陪同的人員都上車了。
下車之後，在博物館的主要入口辦好手續後，老師指示孩子通往大縮
尺物理展示館的路。孩童們從走廊飛奔而過，對他們大聲的聲音和腳

步聲產生的回音感到興奮不已。有一群孩子發現了一個有巨浪的水箱，他們按鈕讓它開始作用。看了一會兒之後，他們轉而撲向另一個閃耀在瀑布上控制閃光燈的按鈕。他們一邊同時操作這兩個設備，一邊注意力又被由鏈子懸吊的漏斗吸引過去；沙子從漏斗裡落下，在底下接住沙子的一個大箱子裡形成一些圖樣。孩子們輪流把漏斗推向別人，由另一人抓住它。接著，他們比賽跑步通過這個展示館到另一個房間，在那個房間裡，他們發現了一台電腦。在電腦室裡，兩位陪同戶外教學的成人坐在椅子上討論他們週末的計畫。附近，一群女孩子嬉笑著在電扶梯上跑跳，讓自己始終保持停留在電扶梯的中段。在後來電扶梯升往二樓時，她們奔跑著衝到一樓。早晨過了一半，一位博物館的人員示範液態氮在花朵、橡皮球和菠菜葉上的反應，許多孩童感到非常驚異；而一些孩童則在一旁以重複的問題炮轟老師：「現在可以去禮品店了嗎？」、「這個表演完了就可以到禮品店了嗎？」、「什麼時候吃午餐？」

回程時，感覺上路程像永無止盡。孩子們吵鬧要坐在哪裡，大聲討論驚悚電影，而很快出現了更大的聲音抱怨那些大聲的討論；納森從禮品店買來的特殊石頭在他到處展示給同學看的時候，不小心掉到椅子下面而遍尋不著。此刻，老師懷疑她以後還會帶他們出門嗎？

我們許多人都有類似的經驗，並且都想了解到底哪裡出錯了。在與其他老師討論戶外教學的時候，我發現大家都很同意戶外教學的價值：

「在我們的社區裡有非常好的資源！一所大學、一座自然歷史博物館、一個小自然保護區。我相信戶外教學能使課堂學習更為豐富。」

「對孩童來說，到新的地方是頗令他們興奮的。」

「我希望他們了解周遭環境。如果你要他們學習了解樹木，你不能期望他們在教室裡觀看樹葉和樹皮，或是看書，他們必須去看一棵真正的、活的樹！」

大家也同意戶外教學會面臨許多困難：

「孩子們變得野極了！我必須每分鐘都盯著他們。」

「如果你帶著三十個孩子到戶外，你真的需要陪同的人員幫忙照顧孩子。有時候，陪同的大人帶來的麻煩更勝過孩子。」

「我班上的孩子在教室裡非常循規蹈矩。可是上個月，當我們戶外教學到鄰近的一個暖房參觀時，我真是驚訝他們的行為！他們很粗魯，事實上，當我們的導覽解說時，有些孩童漫無目標地遊走，有些打斷導覽的解說，而有些則嬉笑玩鬧。我覺得這位導覽沒有接待孩童的經驗，他的解說似乎超過兒童的程度。可是，孩子們至少應該要有禮貌啊！」

在教室之外進行研究工作，可能是小學科學課一個非常特別的部分（不論是到遊戲場的另一端去找螞蟻，或是遠征到另一個城市的博物館）。一個成功的戶外教學既令人興奮，對課堂研究也大有助益，而且需要老師和孩童齊心合力！

在教室裡，日常活動和界限都是可預期的，而到了教室外，許多熟悉的規則和界限都消失不見了。沒有這些可資遵循的規則和界限，有些孩子會感到焦慮；有些孩子懷疑是否隨著桌椅和時間表的消失，教室裡的規則也跟著不見了；有些兒童可能不願意離開老師身旁；有些則迫不及待地跑開去探索這塊新天地，嘗試找出成人忍耐的極限在哪裡！

當老師離開了教室這個熟悉的地方，他們也和兒童一樣感受到不確定感。他們可能擔心某些特定的兒童。（「當大偉開始過動，有點失控時，通常我會建議他到沙桌去玩，或是玩黏土。這些活動似乎能夠使他安靜下來。如果我們到鳥類保護區戶外教學，我要怎麼辦呢？」）當其他人（導覽、自然科學家或是講師）受邀來教學時，角色上可能也不是很清楚。我們可以做許多嘗試來幫助自己、參與戶外教學的成人和兒童，使大家獲益匪淺。

在新環境裡的學習效果

　　幾年前，當我還在一個大博物館擔任解說員的時候，我讀過一篇有關戶外教學的文章，這篇文章談到兒童在虛構情境下與在較熟悉的環境裡的學習能力差異。在某個班級第一次造訪自然觀察中心時，他們的學習效果非常低，而後學習效果逐漸增加。在多次參訪之後（也許此時這個環境對他們而言已經變得「太熟悉」了），他們的興趣和學習的情形都開始減退。當時，這篇文章幫助我了解來博物館參觀的兒童的行為。一群群孩童由中央的樓梯盤旋而下，像許多彈子球一樣呼嘯而下至樓下的大廳，是司空見慣的景象。或者是當我介紹肩頭活生生的貓頭鷹到一半時，被孩子打斷，他並不是要討論有關貓頭鷹有趣的行為，而是發問：「那邊那扇門通往哪裡？」或是「這個地方到底有多大？」即使現在身為老師，我還是時常省思這個現象。

　　在一個新的環境中，許多孩童需要花大量的精力和注意力，來探索周遭環境、為自己找到定位，以及理解該做什麼和該怎麼做。這令有些孩童頗為畏懼不安，而有些孩童則挺容易就適應得很好。不論是哪一種情形，當孩童忙著探索、定位和調整行為時，他們幾乎很難專心地觀察在「大洋水族箱」中波浪的圖形，或是區分白橡樹和紅橡樹的差異。在兒童愈來愈適應新環境，而且清楚你對他們的期望之後，他們將能夠把精力貫注在科學觀察、探索或是知識之上。

　　在本質上，戶外教學與開學第一天的差距並不大。開學的第一天，兒童在進入教室時抱著興奮、緊張、小心翼翼或是不確定的心情。我們大可對他們大談花朵的構造，或是讓他們去實驗家用的化學物品，可是大部分的老師不會這麼做；相反的，我們給他們時間去探索教室、知道同學的名字、了解外套該放在何處、廁所和遊戲場在哪裡。戶外

教學時，也需要讓兒童適應新環境；問題是，我們無法花費一整年的時間讓孩子習慣這個環境。以下是幫助戶外教學成功的一些技巧和思考方式。

從小開始

許多學校只有有限的經費能投入租用車輛，以及其他與戶外教學相關的花費中，所以，老師可能一年只能安排一或二次戶外教學，而這些戶外教學就成了行事曆上的大活動。兒童和老師在先備經驗不足的情形下，需要應付巨大和立即的改變（一個新地方、新規定、新的成人、長途旅行，以及不一樣的時間表）。難怪問題接踵產生！另一個選擇是在一年剛開始時就做戶外教學，而且要經常做。戶外教學的地點就在學校附近，時間要短而且簡單。有一年，我與七歲和八歲的孩子研究鳥類，我們的第一次戶外教學是在學校所在的街區走一圈，我們一邊走一邊觀察鳥類；另外有一年，我和一班七歲和八歲的孩子到校園一角的花園找蟋蟀；而另一年，我們拜訪了辦公室和鍋爐間，我們甚至沒有離開學校建築！

和兒童一起計畫和塑立模式

老師在介紹教室的科學區時，既深思熟慮又非常仔細，他在兒童的幫助之下，定義什麼是科學家、科學家做什麼事，並且讓兒童多方練習。戶外教學也應該這麼謹慎地被介紹給兒童。我會和兒童一起討論戶外教學是什麼，以及參加戶外教學的人怎麼做。就像課堂裡的其他課程一樣，剛開始我們給它下一般的定義，接著我們加以討論，並

且為這個特定的工作和行為塑立模式，使戶外教學變得可行。以下的例子適足以說明這個過程。

老師：我們要外出賞鳥！你們想，科學家要怎樣才能找到鳥呢？

傑尼：呃，他們必須非常仔細地看，有些鳥隱藏在周圍的環境裡。

凱任：這叫做保護色。有些動物有保護色。

老師：你可能會到哪裡找呢？

兒童們：樹木。

灌木叢。

有些可能正在飛。

電話線。

老師：所以我們要找許多不同的地方。可是在外出時，我們會經過許多不同的房子，而且也會靠近繁忙的街道。我們能夠不顧一切衝到餵鳥器前，或是為了看得更清楚一點而站在馬路當中嗎？

兒童們：不行。

老師：有誰可以告訴我們，要怎樣才能留在人行道上而看到較多的景物？

許多兒童都提出他們的看法，而我們就此加以練習。我們想出要帶哪些東西出門，而當某個孩子看到鳥的時候，要怎樣讓大家知道，而不會發出聲音而嚇跑了牠們。在集會結束時，孩童知道他們即將開始科學課的戶外教學，而他們已經了解該怎麼做了（圖 8-1）。

安全性

如果要將孩子帶離開教室，我們必須有信心能掌握全班，並且注意到安全性（圖 8-2）。有足夠的人力隨行，以及充分了解要去的地方，是顧及安全性的一部分（例如最近的電話、飲用水、有毒的常春

圖 8-1	八歲女孩戶外教學時賞鳥所畫的圖畫	圖 8-2	老師和兒童穿越馬路

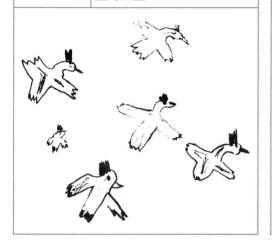 

藤在哪裡）。我們也必須信賴兒童將會遵守規定、不會獨自亂跑、在我們發出指令時過來集合，以及互相幫助。在離開學校之前，我們要教導孩子將要使用的特別訊號或是方式。我發現，平常用在課堂裡和遊戲場的那一套方式，也很適用於大部分的戶外教學中。如果我舉起手，表示：「停和聽。」如果我說：「圍成圓圈。」則每個人都會來到我的周圍，並且圍成一個圓圈。有時候每個孩子有一個號碼，或是有夥伴，所以我們能「數出」並且很快地找出是誰不見了。當我看到孩子們在遊戲場和教室裡能又快又好地做到這些時，我知道，我們已經準備充分可以走出學校了。有些戶外教學（例如坐船、高難度的遠足或是過夜的露營）需要兒童負很大的責任。我幫助他們為這些戶外教學做準備，可是如果日期已經逼近，而我沒有信心他們是否準備妥當，那麼我會延期或是重新設計這個活動。

練　習

　　兒童可以從戶外教學中學到許多。在實際的旅行中,他們必須同時做許多事情,他們要專注、觀察、傾聽、發問、知道物品在哪裡、掌握全班的動態、中斷工作回到團體裡、聽新的計畫或是說明。在學校裡,我們可以分批練習這些部分。兒童們需要時間練習戶外教學的每一個步驟,從在車上合宜的行為到提出經過思考的問題,從與夥伴同行到尋找池塘裡的生物。在戶外教學之前(經常在戶外教學期間也一樣),我們需要花時間練習。

盡可能維持穩定性

　　當兒童習慣於在科學桌觀察和討論之後,一般來說,他們也能自在地在新的環境裡觀察和討論(例如遊戲場、公園或是樹林裡)。如果我們一次只改變一個主要的條件,那麼兒童將能從經驗中學習,而變得更有能力。如果我們一次改變所有的條件,包括環境、工作、規則和期望,那麼對他們來說困難度很高,只有很少的孩子能夠達到我們的要求。我的想法是,如果新的環境愈不同於原有的環境(或者具有某種困難度),那麼孩子愈熟悉他們的工作並且感到自在愈好。如果孩子們習於賞鳥或是寫學習單,那麼在他們探索一個新地方一段時間之後,我們可以預料他們將能專心於觀察和紀錄。事實上,熟悉的事物能消除有些孩童的疑慮,並且幫助他們專心致志。如果你期待孩子同時做到既學習了解周遭環境、賞鳥,並且做紀錄,那是很不實際的。

　　某個我認識的老師任職於自然觀察營,在秋天和春天,學校團體

會參加一個星期以上的露營活動。在這個自然觀察營裡，「夜晚遠足行軍」是重頭戲。兒童在夜間到森林裡遠足，傾聽動物發出的聲音、觀星，並且學習去找一些比較容易追蹤的星座。可是，在孩童們出發前往森林之前，這位老師會和兒童在靠近營地房舍的地方坐下來，發下紙張和蠟筆讓他們畫圖。這並不是一件「科學性」的事情，甚至稱不上具有意義（在黑暗中塗彩），可是根據她的說法：「它的意義非凡，出外置身於黑暗中是很嚇人的，而這些孩子只有十一或十二歲大，他們遠離自己的家，他們不習慣到森林中，而我也不是他們平日課堂上的老師！所以我們畫圖，每個人都知道要怎麼畫圖！」

簡單、具體的事情有助於維持穩定和可預期的感覺，像是執行班級的規定，遵守午餐、休息時間，或是集會的規律性，以及使用孩童熟悉的學習單或是素材（圖 8-3）。

圖 8-3	兒童在筆記本上記錄觀察結果

建立界限

　　在教室裡，有許多熟悉的界限讓孩子知所遵循。教室的四面牆所圍成的空間裡，有特定的規則是必須遵守的。如果離開教室，我們必須建立新的界限。如果新的地方對孩子來說頗大，又令他們害怕，那麼建立界限分外重要（廣大的森林、夜晚，或是城市裡陌生的一角）。有時候，你可以用身體來標示或是去除界限。兒童也許會樂意在用繩子丈量過周邊之後，探索那塊土地（圖8-4），或是如果你給他們指示也會大有幫助：「你可以在這塊地上的任何地方觀察，可是必須停留在小屋和那排樹之內。」

　　有時候，界限比較無關乎某個特定的空間，而與聚在一起較有關係。在戶外教學時，我的期望是兒童不能離群獨自活動。對不同的戶外教學，我們必須知道而且練習我們對他們的要求是什麼，也許是孩童要在老師的視線之內，或是在哨音範圍之內，或是在人行道上和同伴併肩而行。

清楚而明白的期望

　　在教室裡，兒童必須知道老師對他們的期望是什麼，他們必須知道老師的責任、他們的責任，什麼時候有選擇的機會，而什麼時候沒有選擇的機會。出了教室之外，讓孩童清楚你對他們的期望也同等重要，可是可能比較不容易做到。老師與兒童協力合作為每一次的戶外教學訂立目標，了解特定的工作項目，以及設立規定很重要。

　　老師可以和參與的家長、導覽以及講師共同努力，使角色區分明

| 圖 8-4 | 兒童在戶外的土地上觀察 |

顯。參與戶外教學的家長必須知道，如果老師不在場，在某些情況下，他們要如何掌控全局（例如，車上的吵鬧聲大到影響司機開車）。即使導覽擔負講授之責，我們還是得掌握班級，要負責維持音量、紀律，和孩童的安全。

後　　果

　　清楚的後果與清晰明白的期望密不可分。在教室裡，我們可以與兒童一起討論你希望他們如何互助合作，以及如果兒童忘記或故意觸犯規定時，我們會採取的步驟。在我們轉移陣地到戶外之前，我們必須通盤思考的範圍不只是我們的期望，還包括如果兒童有困難，我們

要提供什麼幫助，以及如果兒童沒有達到期望，會有什麼後果。

結合戶外教學與課堂學習

如果戶外教學是課堂學習的一部分，那麼，比只是一個片段的學習要有意義多了。在為戶外教學做準備時，老師和兒童必須討論戶外教學與課堂學習之間的關聯，如此，戶外教學本身就能引發後續的課堂學習。在戶外賞鳥之後，我們可以花一個下午的時間畫水彩畫，或是寫日誌；蒐集池塘生物可以做為日後教室研究之用；建構一個模型；或是以從戶外蒐集到的資料來寫一篇報導、一首歌或是一個故事。

成功的戶外教學的結構

牢記在心於熟悉的環境與新的環境中從事研究的差異。

從小開始——從時間短、簡單、位於學校附近的戶外教學開始。

和孩子一同計畫和塑造活動。

注意安全性。

和兒童一起練習「安全系統」（safety systems）以及戶外教學時的分工。

盡可能維持穩定性。

在新環境裡建立界限。

對兒童的工作和行為建立清楚的期望，對成人則建立清楚的角色分工。

為兒童可能遭遇的困難預做準備。提供適時的幫助和讓他們明瞭後果。

戶外教學的後續活動以及與課堂研究結合。

9

改變

　　在我敘述的科學取向中，不能過度強調教師的重要性。如果身為科學教師的我們，決定要創造一個鼓勵孩子去主動探索和實驗的教室環境，首先，我們必須預為安排自己也去學習和在課堂裡具有自信。要達到這個目的，我們可以花時間經由第一手的探索來認識周遭世界，而且負責決定要採用什麼課程。如同課堂裡的學習是從「兒童當時的發展情形」開始，你的課程要著重哪些觀點、要改變什麼以及何時改變等，都必須基於自己的興趣、經驗和能力。

老師也是科學家

　　如果我們對周遭世界充滿興趣，那麼，我們的興奮和熱情會帶動課堂的研究風氣。如果我們早年接受科學教育的經驗，使我們隨時充滿好奇，並且相信如果自己對某些事物感到好奇，一定能找到答案，那麼無可置疑的我們是幸運兒，我們已經準備好要找到方法和孩子分享自己對科學的喜好了。可是，如果我們早年的經驗讓我們感到科學是困惑、無趣，或是超出自己理解範圍的，那麼，我們必須努力去重拾我們以為自己缺乏的興趣和能力。

　　不論我們的背景是什麼，身為科學老師的我們必須去觀察、好奇、沉思、記錄模式以及尋找關聯。就像我們所教導的兒童一樣，我們藉由自己的參與而學習，也就是努力去了解所見。我們相信兒童透過什麼方式而學習的信念，同樣可以運用到我們自己的學習上。

　　我相信老師如果要學習，也必須在我們為兒童安排的情境中探索才能奏效。我們需要時間和自由去提出問題和做實驗，而且在過程中我們需要別人的幫助。為自己安排這樣的學習環境比為兒童安排要困難許多，可是，不論對我們自己或對我們教導的兒童來說，這都是很重要的一步。

從觀察開始

　　有一位我認識的老師邀請家長利用晚上到學校，來觀察他們的孩子所蒐集和在班上觀察的池塘生物。老師給家長的說明很簡單：「請檢視這些池塘的水，找到令你感到興趣的東西，並且看看能發現什麼。

你可以寫下或是畫下看到的東西。」

家長以和孩子相差無幾的方式進行觀察研究，他們細審盤子裡混濁的水，找到原本就很熟悉的生物，或是發現全新的生物，他們交談、歡笑、素描和寫作。有些人覺得某些池塘生物很難被發現（如果牠們保持靜止不動的話，就會整個混雜在底部的淤泥之中）；有些人感到很難捕捉到某些池塘生物。有一個家長發現了一些很小的紅色蠕蟲；另一個家長找到頗像蜘蛛、腳上有細毛的生物；而另一個家長注意到，在蝌蚪光滑而橄欖色的皮膚上，有圖案優美的點。

有個孩子的父親學科學。在大學和研究所裡，他修了許多科學的課程，以備日後從事獸醫工作之需。在他花了長時間用顯微鏡著迷地觀察微小的生物之後，他告訴這位老師：「這可能是在我受教育的經驗中，第一次有機會自己親身去了解。」

老師就和這些家長一樣，也需要機會去了解事物，沒有任何方法可以替代。讓老師著手的一個簡單方法是觀察住家附近。接下來的清單也許可以幫助你開始。

觀察的對象

寵物

花朵

居家植物

樹木

蔬菜

布

昆蟲

其他「蟲類」

石頭

貝殼

在你的房子或是公寓的水管

工地

鳥類

不同種類的木頭

它看起來如何，摸起來如何，聞起來如何？

它的結構如何？

它會移動，去某些地方嗎？

它與別的東西的區別在哪裡？

你感到熟悉、驚奇、困惑的是什麼？

爭取幫助

　　有些教學的方式可能會使兒童認為科學不活潑或無從學習。相似的，有些我們尋求幫助的對象可能會強調這樣的態度，而其他的人則給我們力量、喚醒我們的興趣，或是幫助我們往前更進一步。經過幾年泛泛地觀察鳥類之後，我決定要認真地學習。有一段時間，我緊隨著任何願意讓我跟隨的知識豐富的賞鳥家。有些賞鳥家在鳥兒飛掠進灌木叢時，用記號標出鳥兒的名稱，而有些則耐心地陪在我的身旁一起觀察，給我時間讓我自己看，並且和我分享他們賞鳥的一些觀點，這兩者是多麼的不同啊！

　　「這些岸邊的鳥很難辨識，」有位經驗豐富的同伴同意：「牠們

基本上都是棕色的，腿細長，並且在泥濘中艱苦地行走。所以，我嘗試的第一件事是找出這種鳥隸屬於哪一個族群，是鷸或是磯鷸，或是其他種類。看看在你左側的那隻鳥，你會如何描述牠的喙呢？」

我們尋求的幫助必須容許我們從自己現在的程度開始，追求自己的問題，而且發展出身為老師和研究者的自信與能力。兒童在不同的階段需要不同的幫助，我們亦然。只有花了好些時間在岸邊，發現那些鳥以及我對牠們的興趣，以及自己得到足夠的了解，知道牠們基本的差異之後，我的同伴所提供幫助我辨識海岸鳥類的協助才是有用的。如果早一些，當我還在奮力學習如何以雙眼望遠鏡找到鳥兒，並且準確對焦，這個幫助可能無法發揮功效。

有時候，我們需要的幫助是在探索時有個同伴可以分享（圖9-1）；有時候，對一個特定的問題我們需要直接的回答。對許多人來

| 圖 9-1 | 有時候，我們需要的幫助是有一位夥伴分享探索的成果（Ken Williams 攝影） |

說，幫助可能來自於研討會、特別的課程研討，或是具有相似興趣與目標的朋友和同事（圖 9-2）。我們可以隨時評量自己接受的幫助，那些讓我們感到焦慮、覺得自己很笨，或是覺得科學實在無趣的幫助，可能對我們毫無助益。我們需要的是能使我們前進、建立自信，以及擴大我們對周遭環境興趣的幫助。

圖 9-2	某個暑期研討會裡，老師們觀察和討論在戶外教學時蒐集到的標本（Ken Williams 攝影）

擴大觀察的範圍

　　瑪妮是小學一年級的老師，她在科學研討會剛開始時自我介紹：「對我來說，科學只是學習特定的事實……實在無聊極了！」在研討會上，她與另一位老師同一組，開始觀察一組形狀不規則、堅硬、白色的物體。她和同伴仔細地描述和畫下它們（有一些道歉的意味），然後依據它們的形狀而分類成幾組。我走過去看她們的進展。

瑪妮：我們認為這些是牙齒。

老師：為什麼？

瑪妮：呃——它們看起來像牙齒！這些發亮的部分看起來像我們牙齒的琺瑯質。

艾佛琳：而這又長又尖的一端看起來像是牙根。

老師：所以，你們認為它們在嘴裡是這樣排列的，這些是看得見的部分嗎？

瑪妮：事實上，也許它們是這樣排列的，這些尖頭向上。

老師：像這樣嗎？

艾佛琳：我不這麼認為，我認為琺瑯質才是露出來的部分。

老師：你們要怎樣證實自己的想法呢？

艾佛琳：看看一些已經確定是牙齒的東西？

瑪妮：做個比較。

瑪妮和艾佛琳在下一次上課時提早到達，她們帶來了兩顆智齒（瑪妮幾年前脫落的牙齒）和一顆小的、沒有牙根的牙齒（一位六歲的孩子貢獻的），她們把這三顆牙齒加進原有的收藏陣營中。在比較之後，她們下了結論，這些東西看起來的確像牙齒，而閃亮的部分是牙冠，這些是牙齒在動物的嘴巴裡時可以被看到的部分。更仔細地檢視牙齒之後，她們發現在每一根牙根底部都有很小的洞（「讓神經和血管通行」）。她們繼續研究而且很好奇幾個相關的問題：這些牙齒為什麼脫落？這些牙齒是哪一種動物的牙齒？

艾佛琳：這些牙齒看起來像我家的貓的牙齒。牠有這種又長又彎曲的牙齒，也有像後面那種尖頭、凹凸不平的牙齒。

老師：你要不要把它們帶回家做比較呢？

到了下一堂課時，全班都在等著她們的報告。艾佛琳比較了這些牙齒和她的貓的牙齒，她發現兩者之間有許多相似之處，可是它們的大小和形狀差異頗大，她懷疑這些真的是貓的牙齒。

另一名研討會的成員：有沒有可能是狗的牙齒？

艾佛琳：有可能吧！（看著我）你知道嗎？

老師：嗯，是我找到這些牙齒的，我當然有所了解。你們要我現在就告訴你們答案嗎？

瑪妮：不！不要說！我們要先試試看自己去找到答案。

接著，瑪妮和艾佛琳到學校的圖書館去查書。圖書館裡有許多有關動物的書籍，可是她們找不到可以幫助她們辨識牙齒的書。她們的研究暫時陷於膠著。

老師：也許可以找到其他的辦法。你們認為這些東西是牙齒，你們也依據它們的形狀把它們分類成幾組，而且你們認為所有的牙齒都屬於同一種動物。你的貓有幾種不同的牙齒，我們人類亦然。可是，雖然這些牙齒看起來有點類似貓的牙齒，它們其實不太吻合。有誰有足夠的知識，並且能夠幫助你得到更多的訊息呢？

瑪妮（笑著）：我的牙醫！

艾佛琳：噢，我知道了，讓我們打電話給獸醫！

在午餐時間，瑪妮和艾佛琳安排時間帶著牙齒去看當地的獸醫。獸醫證實了她們的假設，這些東西果然是牙齒，而且它們屬於某種肉食動物，可是他從來沒有看過這種牙齒。

瑪妮：所以，這些牙齒並不屬於家庭飼養的動物。下一步是帶它們去動物園或是博物館。

我們的課程在她們有時間到博物館之前就結束了，所以瑪妮和艾佛琳很高興聽到我的說明，原來這些是海豹的牙齒。她們並不因為知道答案而結束了研究工作，這些老師興奮地前往圖書館，現在既然已經知道這些是海豹的牙齒，書本可能可以提供更多的訊息！

瑪妮在研討會中所扮演觀察者和研究者的角色，使她做了以下的結論：

在我上這門課之前，我真的認為科學是很無聊的科目！

對我來說，科學只是死記一些特定的知識。然而，現在我了解了，科學最重要的因素是強調兒童參與觀察、發問、探索、實驗和發現的過程。我深信，教科學將會成為我最好的經驗！

改變授課的方式

在某個暑期科學研討會進行到一半的時候，我聆聽教師們談論著秋季課堂可能發生的狀況，以及他們對改變課程的想法。

有一些人對改變的可能性和需要抱著懷疑的態度：

「我不認為這種教學取向在我的學校行得通。我找不到支持，也沒有材料，什麼都沒有。」

「看不出花這麼多時間研究一個主題的意義在哪裡。我班上孩童在未來一年應該要學習許多知識。」

「我們花了這麼多力氣，只是為了研究怎樣對兒童說話，似乎有點過頭了。如果在會議中規定『不准說話』、『不准嘲笑別人』或是『不要把手指伸進動物籠子裡』沒有問題，兒童一定能了解。你用什麼方式說它有什麼不同呢？」

接著，充滿活力的樂觀主義者發言了：

「我等不及要回到班上布置我的科學區了！我要請我的公公幫忙造一張科學桌，他以前也在教室裡幫忙過我。我實在不認為需要採購什麼特殊的設備。」

「我對科學仍然所知不多，可是這一點不再干擾我了。我可以和孩童一起學習。」

大部分的老師們組成一個團體，這個團體的目標是提供兒童較多機會去主動地探索，或是幫助兒童發展和追求他們自己的興趣。他們也灰心地談著在實行理想的過程中，可能會面臨的阻礙：

「也許我已經可以放棄使用教科書了，可是，我不確定我的校長和家長會不會支持我！」

「我們在研討會中學習的教科學的方式需要許多時間去做。孩子需要時間去『弄得亂糟糟』，和別人討論，以及觀察，而教學時間表早就排得滿滿的了！」

「我在觀察烏龜的殼時得到許多樂趣，我可以想像我的孩子會多麼愛這個活動，可是我還是覺得自己對科學所知不足，我不確定自己是否能夠解答他們的問題。」

表明問題，找出解決之道

隨著研討會的進行，教師們討論他們關心或是擔憂的事情，並且尋求解決之道。逐漸地，討論時的基調從氣餒漸漸轉變成可能性大增。也許是受到人群中樂觀者的影響，或許是因為我們決定在教學時一次只專注於一面，從小的、易於管理的步驟開始，而不是一次做通盤的改變。時間和討論也許也影響了我們。不論原因是什麼，老師們開始找出特定的問題，並且尋求行得通的解決方法。

在教科書方面

問題：「我採用的這本教科書共有十八章。理論上，我們應該整本書都上完，其中許多章的範圍都很廣泛（植物王國或是氣候）。我發現自己一直趕進度要孩子快一點。我也質疑有些題材的適當性，我

們研究澳洲的有袋動物，可是，我們甚至一點都不了解自己國家的這類動物。」

解決的方法：「我想，也許我能以不同的方式運用教科書。在過去，我開始一個主題的方式是要孩子『翻開第三十四頁』，可是現在我可以從觀察開始。我們可以一起觀察一隻動物，而孩子們可以決定他們感到興趣的是什麼。我們可以稍後再使用教科書，把教科書做為參考之用；或是我可以在故事時間裡讀一章。我猜孩子一定更喜歡這樣！」

「而且，我可以在一開始就讓大家知道，今年我們將不會從頭讀到尾！」

在戶外教學方面

問題：「我好喜歡帶孩子到戶外！我的學校有很棒的地方可以探索，一條淺溪沿著遊戲場的邊緣流過，而森林在溪的另一邊。可是，我是四、五、六年級的科學老師，孩子們每星期有兩次四十五分鐘的課，等到我們到了小溪邊，只剩下十五分鐘的時間讓孩子探索，接著就得回頭趕回學校了！」

解決的方法：「我在思考要怎樣改變時間表。如果每隔一段時間我可以和孩子們的老師調一下時間，那麼我就可以有兩個四十五分鐘的時間，如此我們將會有充裕的時間。或者有時候我可以利用下課時間或是體育課。」

問題：「我的學校沒有戶外教學的經費，即使在附近有一些理想的戶外教學場所，也無法租車帶孩子外出。」

解決的方法：「我很好奇是不是校園裡就有很有趣的事物可供研究，而且學校附近就有一些花園。我可能需要尋求一些額外的幫助，比方說助理或是志工家長，才能安排三十人的班級步行外出。」

缺乏專業知識

問題：「我覺得自己所知不足。如果你知道怎麼找到答案，那麼回答孩子『我不知道那是什麼，讓我們一起做吧！』並無不可，可是我經常不知道該怎麼著手。」

解決的方法：「也許應該從自己熟悉的主題開始。」

缺乏器材

問題：「學校裡沒有任何科學器材！我們沒有顯微鏡、放大鏡或是標本。工欲善其事，必先利其器，沒有器材要如何上課呢？」

解決的方法：「孩子可以從家裡帶來許多我們需要的器材。我希望有一張水桌，可是如果有許多塑膠盤子，強過什麼都沒有。而且孩子可以從家裡帶來特別的東西供我們觀察。」

「至於科學桌，把幾張剩餘的桌子拼在一起就可以勝任了。」

時間不足

問題：「我每星期都應該教數學、閱讀、寫作和拼字、社會課；有一位老師會來上美勞課，我們也有音樂老師，而且一星期還有三次體育課。科學課怎麼塞得進來呢？」

解決的方法：「我逐漸了解科學課與其他課程之間有許多重疊之處。孩子在做科學活動的同時，也在做有趣的寫作和繪畫，有時候其中包含了閱讀或數學。也許我可以運用一些寫作的時間來做觀察，或是和美勞老師合作，讓兒童嘗試科學的圖畫。」

我非常驚訝，不論這些阻礙看起來是多麼的大，這些想要改變上

課方式的老師都能找到解決的方法。有些人想從小而特定的改變開始：「我想在教科書的某一章嘗試讓兒童觀察，然後看看結果如何」；「可以給孩子機會，讓他們藉由寫作來展示所學，可是並非每個人都擅長寫作！我想要多增加一些途徑讓兒童與別人分享他們的學習成果。」有些人則希望做通盤的改變：「我要把我的桌子搬出去，重新擺設教室裡的家具，就從這裡開始吧！」大部分的人選擇從小處開始，而這些已經足夠了！

　　第一次主持科學會議，運用兒童的問題來激發討論，而且鼓勵他們個人化的研究，這些代表著令人興奮的改變，而這些改變可能促使我們重新定位我們的角色，發展新的技巧，而且實驗教學策略。即使我們只是採取一些小步驟來加以改進，也能帶來重要的改變；而且就如同孩子一樣，我們必須從自己立足之處著手。

參考書目

1. 教師課程指引和單元

2. 課堂參考書

3. 圖鑑

4. 何處找得到器材、用品、工具以及資訊

5. 影片和錄影帶

6. 在教室裡照顧動物

7. 戶外教學

8. 觀察兒童——闡釋兒童的活動和作品

9. 特殊需求

10. 結合兒童文學

11. 結合美勞

12. 兒童雜誌

13. 教師新聞通訊和期刊

14. 教學

15. 評量

16. 兒童發展的理論和運用

17. 初習寫作

18. 成人學習

1. 教師課程指引和單元

　　有兩個系列指引非常好，它們是 ESS 單元（ESS units）以及麥當勞科學教育 5/13 系列（the Macdonald Educational Science 5/13 series）。這兩種指引都針對適合兒童發展和積極的科學探索提供許多資訊。它們並不指示你該怎麼做，它們只提供可能的方向，以及其他老師和學生做過的實例，而老師們可以決定自己的作法。這就是這項工作令人興奮和其力量所在，而且如果你是個新加入者，也許更適合借鏡這些老師的經驗。

　　小學科學研究〔The Elementary Science Study（ESS）〕課程（Newton, Mass.: Educational Development Center）。ESS 已經有超過五十個單元，其中許多是由代爾他教育（Delta Education）*出版①，納許瓦，新罕布夏州（Nashua, N.H.），包括：

----

① 請注意，如果在名字之後加上*，表示在第四部分會提供更完整的資料。

小科學家：兒童學習探索周遭的世界

附帶遊戲和問題

氣球和氣體

電池和燈泡

粉蟲的行為

骨頭

海蝦

黏土船

彩色溶劑

滴水、河流和容器

蚯蚓

蛋和蝌蚪

氣體和空氣

生長的種子

加熱和冷卻

廚房物理學

製圖

神祕的粉

豆子和分子

擺錘

最初的平衡

下沉或上升

微小的東西

Ennever, Len, Wynne Harlen, and others.*With objectives in mind: Guide to science 5/13*. London: Macdonald Educational Ltd.
麥當勞科學教育 5/13 系列。寫給教師實驗室（Write to Teachers'

Laboratory）＊。

改變：階段 1 和 2

改變：階段 3

兒童與塑膠：階段 1 和 2，及背景

彩色物品：階段 1 和 2

早期的探索

孔、溝和洞：階段 1 和 2

像與不像：階段 1、2 和 3

金屬：背景資料

金屬：階段 1 和 2

迷你獸：階段 1 和 2

我們自己：階段 1 和 2

玩具中的科學：階段 1 和 2，以及背景

科學、模型和玩具：階段 3

結構和力：階段 1 和 2

結構和力：階段 3

時間，階段 1 和 2，和背景

樹木，階段 1 和 2

運用環境

　1.初期探索

　2.研究——第一部分；第二部分

　3.滑車裝置的問題——第一部分；第二部分

　4.方式和方法

心中自有目標

木工，背景資料

木工，階段 1 和 2

其他相當好的指引包括：

Beaty, Seddon Kelly, and Karen DeRusha. 1987. *Sand and Water*. A Curriculum Guide. Early Education Curriculum.

Hill, Dorothy M. 1977. *Mud, sand, and water*. Washington, D.C.: National Association for the Education of Young Children.

Sprung, Barbara, Merle Froschl, and Patricia B. Campbell. 1985. *What will happen if... Young children and the scientific method*. New York: Educational Equity Concepts.

科學啟蒙教育系列（Teaching Primary Science Series）。寫給教師實驗室*包含以下的資訊：

飛機模型

蠟燭

纖維和布

介紹科學啟蒙教育和其指引

鏡子和放大鏡

樂器

畫圖和原料

玩水一事所包含的科學

木工中的科學

種子和新苗

2.課堂參考書

因為市面上有許多非常好的兒童科學書籍，所以，我以下列的原

則來篩選要買和要借的書。

　　簡短以及範圍較窄的書對兒童來說，比篇幅長且像百科全書一樣的書要容易得多。我找的書既有趣又美觀，內容易明瞭而且精確。照片以及吸引人或知識性的插圖都很重要；即使我們已經實際觀察過了，它們還是可以顯示不同切入點的觀察結果，而且提供教室所無法呈現的細節或是多樣性。好的參考書籍能吸引和鼓舞孩子和我做更進一步的研究，我會買與這一年的主題有關，以及兒童在日常生活中很有可能會接觸事物的書。

　　我最喜歡的參考書籍系列是牛津科學影片（Oxford Scientific Films），它包含了以下的議題：

蜜蜂與蜂蜜

一般的青蛙

蜻蜓

灰松鼠

草鼠

家鼠

海蜇以及其他海裡的生物

蚊子

蝴蝶的生命週期

雞和蛋

蜘蛛網

棘魚的生命週期

野兔

　　雖然其中有些書已經絕版了，可是它們實在很值得你花時間去找。如果你想知道還能買到哪些書，請寫信到：G.P. Putnam's Sons, 200 Madison Avenue, New York, NY 10016.

其他系列叢書以及單本書

瓢蟲系列 651（Ladybird Series 651. Auburn, Me.: Ladybird Books, 19 Omni Circle）。在此系列中的主題有：

動物以及牠們的生活

鳥類以及牠們的生活

認識昆蟲和小動物

蜂鳥的生活

自然如何成型

植物及其生長

史前動物及化石

螞蟻的故事

蜘蛛的故事

實用海鴨系列（Practical Puffins series）的書裡有許多為兒童設計的研究主題和活動。由紐約市企鵝出版社（Penqnin Books）的分支海鴨出版社（Puffin Books）出版。它的主題包括了：

腳踏車

身體的特技

瓶瓶罐罐

木工

烹飪

建構

隱藏

探索

園藝

風箏

訊息

野外

現在

奇特的事物

《動物棲息地系列》由牛津科學影片出版（The *Animal Habitats* series by Oxford Scientific Films, Milwaukee, Wisc.: Gareth Stevens, Inc.）。共有八個主題，皆與大家熟悉的動物有關。

國家地理協會（The National Geographic Society）* 出版了一系列書籍，稱為《給年輕探索者的書》（*Books for Young Explorers*），這些書的圖片很精采，內文簡單。

《發掘自然系列》（*The Discovering Nature series*）目前有九個主題，是一般人熟知的動物系列，後續還有更多的書即將出版。這些書裡的圖片都是取材於牛津科學影片。可去信至作家出版社，地址是 Bookwright Press, 387 Park Avenue South, New York, NY 10016。

艾爾佛瑞德・那佛（Alfred A. Knopf）（紐約）出版了一系列八本書，書名是《目擊者叢書》（*Eyewitness Books*）。這些書裡有許多圖片，編排上具博物館的風格，有標籤、標題和內文。

《藍納自然科學系列》（The *Lerner Natural Science* series, Minneapolis, Minn.: Lerner Publications）包括二十八本有關不同動物和植物的書。其中有幾本得到紐約科學學會兒童科學書籍獎。在此極力推薦。你可以寫信到卡洛琳娜生物（Carolina Biological）* 或是第一大道出版社（First Avenue Editions），地址是 241 First Avenue North, Minneapolis, MN 55401。

《生活科學系列》（The *Living Science* series, London and Basingstoke: Macmillan Education, Ltd.）包含了四個單元，介紹眾人熟悉的昆蟲和其他小動物。這些是附有圖片的簡短書籍，並且也提供做實驗和記錄的意見。

《新版真實系列》（The *New True Books* series）是一系列書籍，包含了超過一百種以上有關植物、動物、物理學和機械的單元。這些書籍由兒童出版社出版，地址是 Children's Press, 1224 West Van Buren Street, Chicago, IL 60607.。

《優式博第一本自然書籍》（The *Usborne First Nature Books*, Tulsa, Okla.: EDC Publishing）包含了七個單元，他們的內容簡單而插圖很美麗。

Bentley, W. A., and W. J. Humphreys. 1962. *Snow crystals*. New York: Dover Publications.

Brenner, Barbara. 1973. *If you were an ant*. New York: Harper and Row.

Carpenter, Mimi Gregoire. 1981. *What the sea left behind*. Camden, Me.: Down East Books.

Cristini, Ermanno, and Luigi Puricelli. 1981. *In my garden*. Salzburg, Austria: Verlag Neugebauer.

———. 1983. *In the woods*. Salzburg, Austria: Verlag Neugebauer.

———. 1984. *In the pond*. Salzburg, Austria: Verlag Neugebauer.

Darby, Gene. 1957. *What is a frog*? New York: Scholastic Book Services.

Feininger, Andreas. [1977] 1984. *Leaves*. New York: Dover Publications.

Freedman, Russell. 1978. *Getting born*. New York: Holiday House.

Goor, Ron, and Nancy Goor. 1981. *Shadows here, there, and everywhere*. New York: Crowell.

Grillone, Lisa, and Joseph Gennaro. 1978. *Small worlds close up*. New York:

Crown.

Gunderson, Harvey. 1964. *The wonder of monarchs*. A Young Owl Book. New York: Holt, Rinehart and Winston.

Heller, Ruth. 1984. *Plants that never ever bloom*. New York: Grosset and Dunlap.

Hogeweg, Martin, and Hans Dorrestign. 1979. *The Weasel*. Woodbury, N.Y.: Barron's.

Howell, Ruth. 1973. *Splash and flow*. Photos by Arline Strong. New York: Atheneum.

Jacobson, Morris K., and David R. Franz. 1980. *Wonders of snails and slugs*. New York: Dodd, Mead.

Kalas, Sybille, and Klaus Kalas. 1987. *The beaver family book*. Salzburg, Austria: Neugebauer.

Kellin, Sally Moffet. 1968. *A book of snails*. Photos by Martin Iger. New York: Young Scott Books.

Lane, Margaret. 1981. *The squirrel*. New York: Dial.

Lauber, Patricia. 1981. *Seeds. Pop stick glide*. Photos by Jerome Wexler. New York: Crown.

_____. 1987. *What's hatching out of that egg*? New York: Crown.

Livaudais, Madeleine, and Robert Dunne. 1972. *The skeleton book—an inside look at animals*. New York: Scholastic Book Services.

McPhee Gribble Publishers. 1978. *Smells—things to do with them*. A Puffin Book in the Practical Puffins series. New York: Penguin Books Australia Ltd.

Nash, Pamela. 1983. *The frog*. Cleveland: Modern Curriculum.

Nilsson, Lennart. 1975. *How was I born*? New York: Delacorte.

Owen, Jennifer. 1984. *Mysteries and marvels of insect life*. London: Osborne Publishing Ltd.

Patent, Dorothy Hinshaw. 1986. *Mosquitoes*. New York: Holiday House.

Paull, John. 1980. *The story of the spider*. Loughborough, England: Ladybird Books.

Selsam, Millicent E., and Ronald Goor. 1981. *Backyard insects*. New York: Scholastic Book Services.

Shuttlesworth, Dorothy, and Su Zan Noguchi Swain. 1959. *The story of spiders*. Garden City, N.Y.: Garden City Books.

_____. 1964. *The story of ants*. Garden City, N.Y.: Doubleday.

Van Soelen, Philip. 1979. *Cricket in the grass*. San Francisco: Sierra Club Books; New York: Charles Scribner's Sons.

Watts, Barrie. 1985. *Butterfly and caterpillar*. Morristown, N.J.: Silver Burdett Company.

Webster, David. 1974. *Let's find out about mosquitoes*. New York: Franklin Watts.

World Book. 1981. *The bug book*. 1981 Childcraft Annual. Chicago: Childcraft International.

Zubrowski, Bernie. 1979. *Bubbles*. A Children's Museum Activity Book. Boston: Little, Brown.

_____. 1981. *Messing around with baking chemistry*. A Children's Museum Activity Book. Boston: Little, Brown.

_____. 1981. *Messing around with water pumps and siphons*. A Children's Museum Activity Book. Boston: Little, Brown.

3.圖鑑

　　市面上有許多美麗的圖鑑！雖然我並不強調兒童的研究最後一定
要有辨識的結果，可是，我還是在教室的書架上擺放了各式各樣不同
種類的圖鑑。兒童和我經常使用它們來解答特定的問題（這是什麼？
牠生存的地方在哪裡？），或只是供兒童仔細閱讀，讓他們了解世界
上生物及無生物的種類有許多。以下是有關圖鑑的參考資料。

初學者圖鑑

　　許多初學者的圖鑑以較少的篇幅及簡單的版式來介紹兒童最熟悉
的生物種類，以吸引他們多翻閱。我最喜歡的是：
Audubon Society Pocket Guides. New York: Knopf.
Golden Guides. New York: Golden Press.
Peterson's First Guides. Boston: Houghton Mifflin.

標準的野外圖鑑

　　「標準」的野外圖鑑鑑定了許多種類的生物和無生物。它們的閱
讀對象是成人，可是對兒童來說，也是有趣又有用的工具，特別是如
果有成人在一旁指導的話。我在班上使用過的系列有：
Audubon Society Field Guides. New York: Knopf.
Golden Field Guides. New York: Golden Press.
Peterson Field Guides. Boston: Houghton Mifflin.
Field Guides. New York: Simon and Schuster.

業餘自然觀察家使用的圖鑑

這種圖鑑專為業餘自然觀察家設計。和傳統圖鑑比起來，它們談到的種類較少，可是較為詳細。有許多這類圖鑑都以平常的事物為對象，提供許多引人入勝的訊息，涵蓋了生命史、行為，以及與人類的關係。

Babcock, Horold L. 1971. *Turtles of the northeastern United States*. New York: Dover.

Brown, Lauren. 1986. *Weeds in winter*. New York: W. W. Norton.

Cronin, Edward W., Jr. 1986. *Getting started in birdwatching*. Boston: Houghton Mifflin.

Epple, Anne Orth. 1983. *The amphibians of New England*. Camden, Me.: Down East Books.

Garber, Steven D. 1987. *The urban naturalist*. Wiley Science Editions. New York: John Wiley and Sons.

Harrison, Kit, and George Harrison. 1985. *America's favorite backyard wildlife*. New York: Simon and Schuster.

Headstrom, Richard. 1984. *Suburban wildlife*. Englewood Cliffs, N.J.: Prentice Hall.

Lawrence, Gale. 1984. *A field guide to the familiar: Larning to observe the natural world*. New York: Prentice Hall.

———. 1986. *The indoor naturalist: Observing the world of nature inside your home.* New York: Prentice Hall.

Mitchell, John Hanson. 1985. *A field guide to your own back yard*. New York: W. W. Norton.

Nicholls, Richard E. 1977. *The Running Press book of turtles*. Philadelphia,

Penn.: Running Press.

Stokes, Donald W. 1976. *A guide to nature in winter*. Northeast and north central North America. Boston: Little, Brown.

_____. 1979. *A guide to the behavior of common birds*. Boston: Little, Brown.

_____. 1983. *A guide to observing insect lives*. Boston: Little, Brown.

Stokes, Donald, and Lillian Stokes. 1987. *The bird feeder book*. Boston: Little, Brown.

4.何處找得到器材、用品、工具以及資訊

在下列的書籍和目錄裡,你可以得到各式各樣的訊息,從粉蟲、顯微鏡到橡皮管和書。你可以運用它們以得到靈感、找到需要的用品,以及發現你從來不知道自己需要的東西。

National Science Resources Center. 1988. *Science for children: Resources for teachers*. Washington, D.C.: National Academy Press.

Order from National Academy Press, 2101 Constitution Avenue NW, Washington, DC 20418, $7.95 each—all orders prepaid.

《兒童科學》(*Science for Children*)是一個非常好的訊息來源。它明列了課程材料和補充教材;價格和供應商的資料也很齊全。在〈訊息來源和協助〉的單元列出了博物館和科學教育館、專門的機構、課程計畫、出版商和供應商。

Saul, Wendy, with Alan R. Newman. 1986. *Science fare: An illustrated guide and catalog of toys, books, and activities for kids*. New York: Harper and Row.

《科學拼盤》(*Science Fare*)是一本非比尋常的書,全書依據主

題而編排，包含了教學計畫以及書籍和必需品的情報。

你在教師實驗室公司（The Teacher's Laboratory, Inc., 214 Main Street, P. O. Box 6480, Brattleboro, VT 05301-6480, 802-254-3457）可以買得到許多麥當勞科學5/13單元，以及其他許多與教科學有關的好書。

你可以從代爾它教育公司訂購到 ESS 指引和用品。〔Delta Education, Inc., P. O. Box M, Nashua, NH 03061, (800) 258-1302, 603-889-8899〕

康乃爾大學鳥類學實驗室（The Cornell University Laboratory of Ornithology, Sapsucker Woods Road, Ithaca, NY 14850）出版了一整個目錄的書籍和錄音錄影帶。他們也有鳥類的幻燈片（354 厘米彩色幻燈片）。

凱洛淋娜生物用品公司（Carolina Biological Supply Company, 2700 York Road, Burlington, NC 27216-9988, 800-334-5551）他們的目錄包羅萬象，有實驗室器材、豐富的圖書、活生生的植物和動物以及保存的標本。其他提供器材或是標本的供應商還有康乃狄克山谷生物用品公司（Connecticut Valley Biological Supply Company, Inc., Valley Road, P. O. Box 326, Southampton, MA 01073, 800-282-7757, 800-628-7748）；國家地理教育服務目錄（National Geographic Educational Services Catalog, National Geographic Society, 17th and M Streets NW, Washington, DC 20036, 202-857-7000）；和那斯扣（Nasco, 901 Janesville Avenue, Fort Atkinson, WI 53538, 800-558-9595）。

傑瑞克〔Jerryco, 601 Linden Place, Evanston, IL 60202, （312) 475-8440〕販售各式各樣的過量庫存品。在過去這些年來，我買了他們的試管、黃銅齒輪、磁鐵、鏡片、管子和無以數計的其它產品。在麻薩諸塞州首府波士頓的兒童博物館（The Children's Museum, 300 Congress Street, Boston, MA 02210, 617-426-8855）和科學博物館（The Museum of Science, Science Park, Boston, MA 02114, 617-723-2500）都有用品供教師租用。租用是幫助老師找到不常見或是昂貴物品的一個解決

方法。（例如骨頭和鳥類標本等等。）你可以到當地的博物館和自然中心找找看能發現什麼有用的東西。

富蘭克林・瓦茲（The *Franklin Watts*, 387 Park Avenue South, New York, NY 10016）《幼稚園到十二年級閱讀目錄》（*Catalog of Books for Readers Grades K-12*）有許多很棒的科學單元。

5.影片和錄影帶

我運用影片和錄影帶來延展我們的觀察活動。我最喜歡的是 ESS 製作的連環影片，它們簡短（長度只有幾分鐘）、無聲，而且可以讓孩子單獨觀看或是小組一起觀看。影片主題與 ESS 的單元有關（例如有蝌蚪演化為青蛙的連續過程、豆子發芽，以及長度恰到好處的池塘動物覓食的影片）。可惜的是，市面上已經買不到這些連環影片了。可是問問看周遭的人，也許你的學校，或是附近大學，或是鄰近的博物館裡就有也不一定。

在前面部分提及的目錄裡，有些也許賣影片和錄影帶。地區經銷店或是附近的大學也許可以幫得上忙。

6.在教室裡照顧動物

接下來的書裡有詳細的說明，教你怎樣餵養和收容從寵物店裡買來，或是戶外教學帶回來，或是孩子放在玻璃罐裡早晨帶到學校的動物。這些書對特定的情況或是一般狀況都很有幫助。作者們對蒐集、把野生動物拘禁起來以及飼養寵物等的態度，能夠幫助我們建立價值觀和標準。

American Humane Society. 1977. *Small Mammal Care*. Pamphlet. Boston: American Humane Education Society.

Axelrod, Herbert. 1985. *Dr. Axelrod's atlas of freshwater aquarium fishes*. Neptune, N.J.: TFH Publications.

Breen, John F. 1974. *Encyclopedia of reptiles and amphibians*. Neptune, N. J.: TFH Publications.

Headstrom, Richard. 1964. *Adventures with freshwater animals*. New York: Dover.

———. 1982. *Adventures with insects*. New York: Dover.

Hickman, Mae, and Maxine Guy. 1973. *Care of the wild feathered and furred: A guide to wildlife handling and care*. 1973. Santa Cruz, Calif.: Unity Press.

Pyrom, Jay. 1987. *Complete introduction to frogs and toads*. Neptune, N.J.: TFH Publications.

Ricciuti, Edward R. 1971. *Shelf pets: How to take care of small wild animals*. New York: Harper and Row.

Simon, Seymour. 1975. *Pets in a jar: Collecting and caring for small animals*. New York: Penguin.

Snedigar, Robert. 1963. *Our small native animals: Their habits and care*. New York: Dover.

7. 戶外教學

戶外教學是小學的科學教育裡很美好的一個部分。在我們將上課的地點移往戶外時，有許多種類的書籍可以提供協助，包括野外圖鑑，為兒童設計的自然活動，針對某些特定動植物或是資源的書。

麥當勞科學 5/13 系列涵蓋了許多針對戶外研究而設計的很棒的主題。它們以實例來說明值得研究的地點（從學校校園開始）、使觀察和探索的方向更為明確的問題、室內和戶外活動的技巧，以及兒童從事活動的照片。初期的探索和方法（Early Explorations and Ways and Means）（利用環境的 1 號和 4 號）（number 1 and 4 in Using the Environment）分析教師在組織戶外活動時所擔任的角色。除此之外，許多麥當勞系列的主題都結合了課堂和戶外的活動（例如，迷你家畜和樹木）。

還有一些其他的籍也對戶外活動提供了很好的意見：

Caduto, Michael. 1985. *Pond and brook: A guide to nature study in fresh-water environments*. Englewood Cliffs, N.J.: Prentice Hall.

Durrell, Gerald. 1986. *A practical guide for the amateur naturalist*. New York: Knopf.

Harris, Melville. 1971. *Environmental studies*. New York: Citation Press.

Headstrom, Richard. 1963. *Adventures with insects*. New York: Dover.

Mitchell, John, and the Massachusetts Audubon Society. 1980. *The curious naturalist*. Englewood Cliffs, N.J.: Prentice Hall.

Mitchell, Lucy Sprague. 1971. *Young geographers*. New York: Bank Street College of Education.

Russell, Helen Ross. 1972. *Small worlds: A field trip guide*. Boston: Little, Brown.

_____. 1973. *Ten-minute field trips: A teacher's guide—using the school grounds for environmental studies*. Chicago, Ill.: J.G. Ferguson.

_____. Other titles include *City Critters; Clarion the Killdeer; Soil: A Field Trip Guide; The True Book of Buds; The True Book of Springtime Seeds; Winter: A Field Trip Guide; Winter Search Party*.

Simon, Seymour. 1970. *Science in a vacant lot*. New York: Viking.

Sisson, Edith A., and the Massachusetts Audubon Society. 1982. *Nature with children of all ages*. New York: Prentice Hall.

Wensberg, Katherine. 1966. *Experiences with living things—an introduction to ecology for five to eight year olds*. Boston: Beacon Press.

Wilson, Jennifer Bauer. 1986. *A naturalist's teaching manual: Activities and ideas for teaching natural history*. Englewood Cliffs, N.J.: Prentice Hall.

8. 觀察兒童—— 闡釋兒童的活動和作品

當兒童從事科學活動時，他們的行為和作品透露出他們的發展、了解、學習方式、興趣和需求。

吉塞爾協會（Gesell Institute）的亞諾‧吉塞爾（Arnold Gesell）和其他人的著作解釋了兒童神經肌肉的發展和行為。曾經接受過吉塞爾訓練的老師發現，他的《得分摘記——檢視兒童發展》（*Scoring Notes—The Developmental Examination*）使他們獲益。此外，《五到十歲的兒童》（*The Child from Five to Ten*）也值得一讀。

Cohen、Dorothy H.和 Virginia Stern（1978）《觀察和記錄幼兒的行為》（*Observing and recording the behavior of young children*. New York: Teachers College Press.）這本書清楚又實用地介紹如何在課堂上觀察兒童。

Gardner 和 Howard（1985）《七種 IQ》（*Frames of mind: The theory of multiple intelligence*. New York: Basic.）這本書裡詳述了作者有關多元智能的理論。

Gesell、Arnold、Frances Ilg.和 others（1977）《五到十歲的兒童》（*The child from five to ten*. Rev. ed. New York: Harper and Row.）

　　Ilg、Frances（1985）《成長筆記》（*Scoring notes—The developmental examination*. Rev. ed. New Haven, Conn.: Gesell Institute of Human Development.）

　　Wadsworth、Barry J.（1978）《皮亞傑理論運用於課堂上》（*Piaget for the classroom teacher*. New York: Longman.）介紹皮亞傑的認知發展理論，並且有一章專論評量。

　　Sime、Mary（1973）《從兒童的眼光來看》（*A child's eye view*. New York: Harper and Row.）這本書也能幫助教師了解皮亞傑的一些觀點。

　　有關兒童的美勞活動，請閱讀：

DiLeo, Joseph H. 1970. *Young children and their drawings*. New York: Brunner/Mazel.

Lowenfeld, Viktor, and W. Lambert Brittain. 1970. *Creative and mental growth*. 5th ed. New York: Macmillan.

Gardner, Howard. 1980. *Artful Scribbles: The Significance of Children's Drawings*. New York: Basic.

9.特殊需求

　　只有為數不多的書籍談論到有特殊需求的兒童，或是在書中修改活動和單元以配合他們特別的需要。我最喜歡的是《行為的邏輯——行為中的幼兒》（*The Logic of Action—Young Children at Work*），法蘭西絲・派克曼・霍金斯（Francis Pockman Hawkins）所著（Boulder, Colo: Colorado Associated University Press, 1986）。書中描述作者與一群三、四歲聽力障礙幼兒的工作經驗。這是一本極好的書，敘述兒童如何學習，以及老師的想法和採取的行動。

有一本書敘述教育各種特殊需求兒童的經驗，該書既詳細又具有思考力，由海倫莫芮‧霍夫曼（Helenmarie Hofman）和肯尼士‧瑞可（Kenneth Ricker）合著的《資料書：科學教育與身體障礙》（*Sourcebook: Science Education and the Physically Handicapped*, Washington, D. C.: National Science Teacher's Association, 1979）。適合針對較年長的兒童。這本書幫助我們嘗試了解學生真正的能力，並且發展出合宜的教學法。

　　接下來的書敘述為特殊需求兒童而設計的教學計畫，有些書也包含了給這些兒童的參考資料：

　　請參閱第十三項中所列的連繫（新聞通訊）

Downs, Gary, and Jack Gerlovich. 1983. *Science safety for elementary teachers*. Ames, Iowa: Iowa State University Press.

Oryx Science Bibliographies. 1986. *Science education*. Vo1.6. Phoenix, Ariz.: Oryx Press.

Waxter, Julia. 1981. *The science cookbook*. Belmont, Calif.: David S. Lake.

10. 結合兒童文學

　　許多老師都喜歡結合科學研究與兒童文學。至於如何著手，你可以很簡單地讀《女士與蜘蛛》（*The Lady and the Spider*），給從遊戲場進教室的路上注意到蜘蛛的孩子聽，較深入的作法是讓他們參加《夏綠蒂的蜘蛛網》（*Charlotte's Web*）的讀書會，讀書會的某個主題可能是討論如何區隔事實與小說情節。以下的書單是依據主題而分組，也許適合你的需要。

蜘 蛛

Arkhurst, Joyce Cooper. 1987. *The adventures of spider*. New York: Scholastic Books.

Carle, Eric. 1985. *The very busy spider*. New York: Philomel Books.

Chenery, Janet. 1969. *Wolfie*. New York: Harper and Row.

Freschet, Bernice. 1972. *The web in the grass*. New York: Charles Scribner's Sons.

Lexau, Joan M. 1976. *The Spider makes a web*. New York: Hastings House.

McNulty, Faith. 1986. *The lady and the spider*. A Harper Trophy Book. New York: Harper and Row.

White, E. B. 1952. *Charlotte's web*. New York: Harper and Row.

鳥 類

Atwater, Richard, and Florence Atwater. 1986. *Mr. Popper's penguins*. Dell: New York.

Byars, Betsy. 1972. *The house of wings*. New York: Viking.

George, Jean Craighead. 1975. *My side of the mountain*. New York: Dutton.

———. 1980. *The cry of the crow*. New York: Harper and Row.

Mowat, Farley. 1981. *Owls in the family*. New York: Bantam Books.

Whelen, Gloria. 1987. *Next spring an oriole*. New York: Random House.

White, E. B. 1973. *The trumpet of the swan*. New York: Harper and Row.

Yolen, Jane. 1987. *Owl moon*. New York: Philomel Books.

哺乳動物

Aesop. 1965. *Aesop's fables*. Illustrated by Eric Carle. Mount Vernon, N.Y.: Peter Pauper Press.

Byars, Betsy. 1968. *The midnight fox*. New York: Viking.

Dahl, Ronald. 1970. *Fantastic Mr. Fox*. New York: Bantam.

George, Jean Craighead. 1972. *Julie of the wolves*. New York: Harper and Row.

Hogeweg, Martin and Hans Dorrestign. 1979. *The weasel*. Woodbury, N.Y.: Barrons.

Kipling, Rudyard. 1967. *How the leopard got his spots and other stories*. New York: Grolier Society.

Lobel, Arnold. 1983. *Mouse soup*. New York: Harper and Row.

White, E. B. 1945. *Stuart Little*. New York: Harper and Row.

昆　蟲

Carle, Eric.1977. *The grouchy ladybug*. New York: Thomas Y. Crowell.

George, Jean Craighead. 1974. *All upon a sidewalk*. New York: E. P. Dutton.

Jones, Chuck. 1984. *The cricket in Times Square* (*and sequels*). Nashville, Tenn.: Ideal.

爬蟲類

Holling, Holling Clancy. 1951. *Minn of the Mississippi*. Boston: Houghton Mifflin.

兩棲類

Lobel, Arnold. 1972. *Frog and toad together*. New York: Harper and Row.

_____. 1979. *Frog and toad are friends*. New York: Harper and Row.

_____. 1984. *Days with frog and toad*. New York: Harper and Row.

_____. 1984. *Frog and toad all year*. New York: Harper and Row.

11. 結合美勞

　　圖畫和模型能記錄所見，它們也是幫助我們看的工具。若是想要學習新技巧以促進觀察和表達能力，可以參考下列的書籍：

Leslie, Clare Walker. 1980. *Nature drawing—a tool for learning*. Englewood Cliffs, N.J.: Prentice Hall.

_____. 1984. *The art of field sketching*. New York: Prentice Hall.

　　接下來這本書極好，它描述美勞活動和兒童作品的創作過程，並且敘述美勞和科學如何結合的實例。

Cohen, Elaine Pear, and Ruth Straus Gainer. 1984. *Art: Another language for learning*. New York: Schocken Books.

12. 兒童雜誌

　　市面上有好幾種專為兒童發行的科學雜誌。我經常針對特別的主題剪下相關的圖片和文章，然後把它們裝訂起來做為參考。當然，兒童也會發現新到的雜誌上有令他們興奮的報導。我通常運用以下的雜

誌：

National Geographic World. Washington, D.C.: National Geographic Society.* Twelve issurs per year.

Ranger Rick. Vienna, VA: National Wildlife Federation (8925 Leesburg Pike, Vienna, VA 22184-0001). Twelve issues per year.

Your Big Back Yard. Vienna, VA: National Wildlife Federation (8925 Leesburg Pike, Vienna, VA 22184-0001). Twelve issues per year.

Zoobooks. San Diego, Calif.: Wildlife Education, Ltd. (930 West Washington Street, San Diego, CA 92103). Ten issues per year.

即使是給成人閱讀的雜誌，對較年長的兒童也頗具吸引力，而在協助之下，對年幼的兒童亦然。

Audubon. New York: National Audubon Society (950 Third Avenue, New York, NY 10022). Six issues per year.

International Wildlife. Washington, D.C.: National Wildlife Federation(see above). Six issues per year.

National Geographic. Washington, D.C.: National Geographic Society.* Twelve issues per year.

National Wildlife. Washington, D.C.: National Wildlife Federation (see above). Six issues per year.

Science News. Washington, D.C.: Science Service, Inc. (1719 N Street NW, Washington, DC 20036). Weekly.

13. 教師新聞通訊和期刊

這些出版品讓我們了解其他老師的研究教學工作，以及教育界最新的研究成果。第一組書刊專門討論科學教育，第二組則泛論教學的

各個面向。

科學教學

National Science Resources Center Newsletter. Smithsonian Institution (Washington, DC 20560).

Science Education News. A newsletter from Organization for Science and Technology Education, 1333 H Street NW, Washington, DC 20005.

Connect. The Newsletter of Practical Science and Math for K-8 Teachers. Available from the Teacher's Laboratory.*

Science and Children. National Science Teachers Association journal for elementary and middle school teachers. National Science Teachers Association, 1742 Connecticut Avenue NW, Washington, DC 20009.

The Science Teacher. National Science Teachers Association (see above).

Science Scope. A quarterly for middle/junior high science teachers. National Science Teachers Association (see above).

教　學

Pathways. A Forum for Progressive Educators. Center for Teaching and Learning, Box 8158, University of North Dakota, Grand Forks, ND 48202.

14.教學

　　這些書值得一讀再讀，你可以從中尋找意見和靈感，並且洞察機

先。

Carson, Rachel. 1956. *The sense of wonder*. (Photographs by Charles Pratt, 1965). New York: Harper and Row.

Charney, R., M. Clayton, M. Finer, J. Lord, and C. Wood. 1984. *A notebook for teachers*. Greenfield, Mass.: Northeast Foundation for Children.

Duckworth, Eleanor. 1978. *The African primary science program: An evaluation and extended thoughts*. Grand Forks, N.D.: North Dakota Study Group on Evaluation.

_____ . 1987. "*The having of wonderful ideas" and other essays on teaching and learning*. New York: Teachers College Press.

Harlen, Wynne. 1985. *Teaching and learning primary science*. New York: Teachers College Press.

_____ , ed. 1985. *Primary science——taking the plunge*. Portsmouth, N.H.: Heinemann Educational Books.

Hawkins, David. 1974. *The informed vision: Essays on learning and human nature*. New York: Agathon Press. "Messing About in Science," included in this collection, is a must!

Hawkins, Francis Pockman. 1986. *The logic of action—Young children at work*. Boulder, Colo.: Colorado Associated University Press.

Holt, Bess, and Gene Holt. 1977. *Science with young children*. Washington, D.C.: National Association for the Education of Young Children.

Mitchell, Lucy Sprague. 1951. *Our children and our schools*. New York: Simon and Schuster.

_____ . 1971. *Young geographers*. New York: Bank Street College of Education.

Pratt, Carolyn. 1990. *I learn from children*. New York: Harper Collins.

Rogers, V. R., ed. 1970. *Teaching in the British primary school*. London:

Macmillan Education.

Silberman, Charles E., ed. 1973. *The open classroom reader*. New York: Vintage Books.

15. 評量

Carini, Patricia F. 1979. *The art of seeing and the visibility of the person*. Grand Fork, N.D.: North Dakota Study Group on Evaluation.

_____. 1988. *Another way of looking: Views on evaluation and education (Two talks)*. North Bennington, Vt.: Prospect Archive and Center for Education and Research.

Duckworth, Eleanor. 1978. *The African primary science program: An evaluation and extended thoughts*. Grand Forks, N.D.: North Dakota Study Group on Evaluation.

Eisner, Elliot. 1979. *The educational imagination*. New York: Macmillan.

_____. 1982. *Cognition and curriculum: A basis for deciding what to teach*. White Plains, N.Y.: Longman.

Harlen, Wynne. 1985. *Teaching and learning primary science*. New York: Teacher's College Press.

16. 兒童發展的理論和運用

　　了解兒童發展能幫助我們設計教室、選擇適宜的主題和上課的方式，並且知道可以對孩子設定什麼期望。

　　以下這本書裡敘述了各種不同的發展理論：

Crain, William C. 1985. *Theories of development—concepts and applications*. Englewood Cliffs, N.J.: Prentice Hall.

接下來的書和教師的關係特別密切：

Erikson, Erik H. 1963. *Childhood and society*. Rev. ed. New York: W.W. Norton.

Gesell, Arnold, Frances Ilg, et al. 1977. *The child from five to ten*. Rev. ed. New York: Harper and Row.

以下兩本書是皮亞傑的著作：

Piaget, Jean. 1966. *The child's conception of physical causality*. Totowa, N. J.: Littlefield, Adams and Company.

_____. 1976. *To understand is to invent*. New York: Penguin Books.

將皮亞傑的理論實際運用到教學上的書有：

Wadsworth, Barry J. 1978. *Piaget for the classroom teacher*. New York: Longman.

_____.1979. *Piaget's theory of cognitive development*. New York: Longman.

《UNESCO 教學教師手冊》（*The UNESCO Handbook for Science Teachers* 1980. Unipub, 345 Park Avenue, New York, NY 10010, 1980）討論了皮亞傑和其他人的作品，以及科學教育的寓涵。

多若喜・科翰（Dorothy Cohen） 的書分析兒童發展和學習的方式：

Cohen, Dorothy H. 1988. *The learning child*. New York: Schocken Books.

17.初習寫作

在本書許多章節中，我討論並且以實例說明兒童運用「發明拼字

法」的情形。如果老師接受兒童運用這種拼字法，那麼兒童的文字表達將不會受限於能夠正確拼寫的字；他們能夠聽音拼字。如果你對這個方式頗為陌生，想要多了解一些，可以閱讀以下的書籍：

Clay, Marie M. 1975. *What did I write?——beginning writing behavior*. Portsmouth, N.H.: Heinemann Educational Books.

Graves, Donald. 1983. *Writing: Teachers and children at work*. Portsmouth, N.H.: Heinemann Educational Books.

Newman, Judith. 1984. *The craft of children's writing*. Portsmouth, N.H.: Heinemann Educational Books.

Temple, Charles, Ruth Nathan, Nancy Burris, and Francis Temple. 1988. *The beginnings of writing*. 1982. 2d ed. Boston: Allyn and Bacon.

18. 成人學習

身為老師，我們可能一直在尋找一個方法來開始探索，並且希望對自己的觀察力和發現力具有信心；或者，我們可能一直很喜愛參與科學活動，而且希望持續地繼續發展。本書中提及的許多書籍能提供你這方面的協助。除此之外，以下提到的書對學習科學的成人特別有幫助。

《從事科學研究的焦慮》（*Science Anxiety*）是一本可讀性很高的書，它描述了科學家工作的方法、從事科學研究的焦慮、科學與藝術之間的連結，以及克服焦慮的方法。

Mallow, Jeffry V. 1986. *Science anxiety—fear of science and how to overcome it*. Clearwater, Fla.: H & H Publishing Co.

《發明的密度》（*Inventing density*）是伊蓮娜‧達克渥斯深具洞察力的著作，書中描述一群成人努力揭開下沉和浮起的神祕面紗，讓

你盡窺成人和老師在自己動手嘗試的教室環境裡的研究活動。

Duckworth, Eleanor. 1986. *Inventing density*. Grand Forks, N.D.: North
    Dakota Study Group on Evaluation.

大小和比例、加熱、力學——有些事物很難理解！我們要怎樣突破「關鍵的障礙」（critical barriers）以更了解周遭環境呢？請看：

Apelman, Maja, David Hawkins, and Philp Morrison. 1985. *Critical Barriers
    Phenomenon in Elementary Science*. Grand Forks, N.D.: North Dakota
    Study Group on Evaluation.

小科學家：兒童學習探索周遭的世界

參考文獻

Calkins, Lucy. 1986. *The art of teaching writing*. Portsmouth, N.H.: Heine-mann.

Carson, Rachel. 1956. *The sense of wonder*. New York: Harper and Row.

Charney, R., M. Clayton, M. Finer, J. Lord, and C. Wood. 1984. *A notebook for teachers*. Greenfield, Mass.: Northeast Foundation for Children.

Duckworth, Eleanor. 1978. *The African primary science program: An evaluation and extended thoughts*. Grand Forks, N.D.: University of North Dakota, Center for Teaching and Learning.

Mitchell, Lucy Sprague. 1971. *Young geographers*. New York: Bank Street College of Education.

National Association for the Education of Young Children. 1988. NAEYC position statement on developmentally appropriate practice in the primary grades, serving five-through eight-year-olds. *Young Children* 33:74.

National Science Resources Center, Smithsonian Institution, National Academy of Sciences. 1988. *NSRC Newsletter* 1(1).

Oxford Scientific Films. 1979. *The chicken and the egg*. New York: Putnam's.

Piaget, Jean. 1976. *To understand is to invent*. New York: Penguin.

Pratt, Carolyn. 1948. *I learn from children*. New York: Simon and Schuster. New edition: New York: HarperCollins, 1990.

Victor, Edward, and Marjorie S. Lerner. ed. 1971. *Readings in science education for the elementary school*. New York: Macmillan.

Wadsworth, Barry J. 1979. *Piaget's Theory of Cognitive Development*. New York: Longman, Inc.

Weiss, Iris R. 1987. *Report of the 1985–86 National Survey of Science and Mathematics Education*. Research Triangle Park, N.C.: Iris R. Weiss Research Triangle Institute.

附錄 A：給五、六歲兒童有關長度的學習單

小科學家的姓名 _____

我看到 _____

┌── 把看到的畫下來 ────────────────────────┐
│   │
│   │
│   │
│   │
│   │
│   │
│   │
│   │
│   │
│   │
│   │
│   │
│   │
│   │
└──┘

我注意到 _____
_____
_____

附錄 B：給五、六歲兒童有關高度的學習單

小科學家的姓名 _____

我看到 _____

我注意到 _____

_____

_____

_____

_____

©著作權翰那曼教育叢書。允許引用。

232 小科學家：兒童學習探索周遭的世界

_____的觀察

日期：_____

我看到_____

_____

┌─ 把看到的畫下來 ─────────────────┐
│   │
│   │
│   │
│   │
│   │
│   │
│   │
│   │
│   │
└────────────────────────────────────┘

我注意到：

_____

_____

_____

_____

_____

_____

_____

科學教育 7

小科學家：兒童學習探索周遭的世界

作　　者：Ellen Doris
譯　　者：何釐琦
執行編輯：林怡君
總　編　輯：林敬堯
發　行　人：邱維城
出　版　者：心理出版社股份有限公司
地　　址：台北市和平東路一段 180 號 7 樓
總　　機：(02) 23671490
傳　　真：(02) 23671457
郵　　撥：19293172
　　E-mail：psychoco@ms15.hinet.net
駐美代表：Lisa Wu
　　Tel：973 546-5845　　Fax：973 546-7651
登 記 證：局版北市業字第 1372 號
電腦排版：辰皓國際出版製作有限公司
印 刷 者：玖進印刷有限公司
初版一刷：2003 年 12 月

定價：新台幣 300 元
ISBN: 957-702-645-1

國家圖書館出版品預行編目資料

小科學家：兒童學習探索周遭的世界 / Ellen
Doris 作；何釐琦譯. - 初版. - 臺北市：
心理, 2003[民 92]
　　面 ； 公分. -- (科學教育 ; 7)
參考書目：面
譯自：Doing what scientists do：
children learn to investigate their world
　　ISBN　957-702-645-1(平裝)

1. 科學 - 教學法　2.　小學教育 - 教學法

529.36　　　　　　　　　　　　　92022722

讀者意見回函卡

No. _____   填寫日期： 年　月　日

感謝您購買本公司出版品。為提升我們的服務品質，請惠填以下資料寄回本社【或傳真(02) 2367-1457】提供我們出書、修訂及辦活動之參考。您將不定期收到本公司最新出版及活動訊息。謝謝您！

姓名：_____ 　性別：1□男　2□女

職業：1□教師 2□學生 3□上班族 4□家庭主婦 5□自由業 6□其他____

學歷：1□博士 2□碩士 3□大學 4□專科 5□高中 6□國中 7□國中以下

服務單位：_____ 　部門：_____ 　職稱：_____

服務地址：_____ 　電話：_____ 　傳真：_____

住家地址：_____ 　電話：_____ 　傳真：_____

電子郵件地址：_____

書名：_____

一、您認為本書的優點：（可複選）

　❶□內容 ❷□文筆 ❸□校對 ❹□編排 ❺□封面 ❻□其他____

二、您認為本書需再加強的地方：（可複選）

　❶□內容 ❷□文筆 ❸□校對 ❹□編排 ❺□封面 ❻□其他____

三、您購買本書的消息來源：（請單選）

　❶□本公司 ❷□逛書局⇨_____書局 ❸□老師或親友介紹

　❹□書展⇨____書展 ❺□心理心雜誌 ❻□書評 ❼其他_____

四、您希望我們舉辦何種活動：（可複選）

　❶□作者演講 ❷□研習會 ❸□研討會 ❹□書展 ❺□其他____

五、您購買本書的原因：（可複選）

　❶□對主題感興趣 ❷□上課教材⇨課程名稱_____

　❸□舉辦活動　❹□其他_____　　（請翻頁繼續）

廣　告　回　信
台灣北區郵政管理局登記證
北 台 字 第　8133　號

（免貼郵票）

 心理出版社 股份有限公司

台北市 106 和平東路一段 180 號 7 樓

TEL: (02)2367-1490
FAX: (02)2367-1457
EMAIL:psychoco@ms15.hinet.net

沿線對折訂好後寄回

六、您希望我們多出版何種類型的書籍

　❶□心理　❷□輔導　❸□教育　❹□社工　❺□測驗　❻□其他

七、如果您是老師，是否有撰寫教科書的計劃：□有□無

　　書名／課程：_____

八、您教授／修習的課程：

　上學期：_____

　下學期：_____

　進修班：_____

　暑　假：_____

　寒　假：_____

　學分班：_____

九、您的其他意見

_____

謝謝您的指教！　　　　　　　　　　　　　43007